Täubrich
Zu Gast im alten Berlin

Hans-Christian Täubrich

# ZU GAST IM ALTEN BERLIN

Erinnerungen an die Alt-Berliner Gastlichkeit
mit Hotelpalästen, Vergnügungslokalen, Ausflugsgaststätten
und Destillen

HUGENDUBEL

Stadt im Bild
Dokumentationen zur neueren Stadtgeschichte
herausgegeben von Richard Bauer

*Schutzumschlag*

vorn:     Berliner Eckkneipe, um 1900
          (Ullstein Bilderdienst)

hinten:   Café Reimann am Ku'damm
          (Berlinische Galerie, Photographische Sammlung)

CIP-Titelaufnahme der Deutschen Bibliothek
Zu Gast im alten Berlin / Hans-Christian Täubrich. – 3. Auflage –
München:
Hugendubel, 1997
ISBN 3-88034-482-5

3. Auflage 1997
© Heinrich Hugendubel Verlag, München 1990
Alle Rechte vorbehalten
Umschlaggestaltung: Tillmann Roeder, München
Innenlayout: Peter Gössel, Gabriele Leuthäuser, Nürnberg
Redaktionelle Betreuung: Jutta Tschoeke, Nürnberg
Druck und Bindung: Appl, Wemding
Printed in Germany

ISBN 3-88034-482-5

## Dank

Für den vorliegenden Bildband gab es viel Hilfestellung.
Ganz herzlich danke ich an dieser Stelle für Beratung, Hinweise
und Bereitstellung der abgebildeten Photographien folgenden
Personen und Institutionen:

Archiv für Kunst und Geschichte, Berlin (West);
Aufbau-Verlag, Berlin (DDR), Herrn Elmar Faber und
Herrn Hanns Kristian Schlosser (†);
ADN-Bildagentur, Berlin (DDR);
Herrn Christian Axt, Berlin (West);
Berlinische Galerie, Photographische Sammlung,
Berlin (West), Herrn Janos Frecot;
Bildarchiv Preußischer Kulturbesitz, Berlin (West),
Frau Heidrun Klein;
Foto Richard Krauss, Nürnberg;
Landesarchiv Berlin (West);
Landesgewerbeanstalt Nürnberg, Frau Heidrun Teumer,
Frau Erna Missbach;
Märkisches Museum Berlin (DDR), Frau Hela Zettler;
Museum für Verkehr und Technik, Berlin (West),
Herrn Jörg Schmalfuß;
Staatsbibliothek Berlin (DDR), Herrn Klemp;
Ullstein Bilderdienst, Berlin (West).

# Inhalt

# Vorwort

Die Photographie von Rolf Tietgens zeigt die Terrasse des Café Kranzler am Kurfürstendamm in den dreißiger Jahren. Sie war die bekannteste Plattform für die Beobachtung des Treibens auf dem turbulenten Boulevard. Mit dem Kranzler und einer Auswahl von weiteren 150 Cafés, Vergnügungslokalen, Hotelpalästen, Ausflugsgaststätten und Destillen will das Buch einen Eindruck Alt-Berliner Gastlichkeit vermitteln. Der Zeitraum, den die alten Photographien umspannen, reicht von 1880 bis zum Zweiten Weltkrieg, als die Stadt in Trümmer sank.

Das hier vorgestellte, „gastliche Berlin" war ungeteilt. Die 1961 vollzogene, nahezu perfekte Trennung in zwei separate Stadteinheiten schuf vollendete Tatsachen, die es nicht immer einfach machten, der Geschichte gastlicher Orte des früher noch „heilen" Berlins nachzuspüren. Bei den Recherchen ergab sich oft die Schwierigkeit, Berlin als Einheit zu erleben, schien der Versuch von vornherein unmöglich, traditionsreiche Linien nachzuziehen, die sich mit der betonierten Sektorengrenze zwischen West und Ost überschnitten. Dort, wo zum Beispiel die Kochstraße die Friedrichstraße im Westen der Stadt kreuzt, verschwendete bis vor kurzem ja kaum einer Gedanken daran, daß man stadteinwärts eigentlich nach wenigen Querstraßen die ehemals berühmte Kreuzung an den Linden erreicht. Umgekehrt drängte die Realität bei Besuchen im Osten, etwa in der Leipziger Straße, jedes Vorhaben in den Bereich des Absurden, über den Potsdamer Platz die Richtung zum Tiergarten einschlagen und am Nollendorfplatz oder am Ku'damm nach dem Rechten sehen zu können.

Gedanklich mußte die Angewohnheit unterdrückt werden, die Umgebung Berlins erst bei Helmstedt anfangen zu lassen, mußte begriffen werden, was nicht nur Westberlin durch die Abriegelung an Defizit zu beklagen hatte, sondern was es auch für die Bewohner im Osten bedeutete, drei Viertel der Stadt auf den Plänen nur als weißen Fleck zur Kenntnis nehmen zu können: nicht existent und doch real. Vom Prenzlauer Berg nach Potsdam mußten sie ein mehrfaches der früheren Strecke zurücklegen. Je weiter sich diese Gedanken fortspannen, desto schwermütiger drohte die Hommage auf das gastliche Berlin der Jahre bis zum Zweiten Weltkrieg zu werden. Da war zum einen die deprimierend geringe Bilanz dessen, was nach 1945 von den alten Orten der Gastlichkeit und von dem Geist, der sie erfüllt hatte, geblieben war: Die verheerenden Bombardierungen haben die nachfolgend abgebildeten Orte zum großen Teil hinweggefegt. Zum anderen bestand die Gefahr, daß auch dieses Buch nur einmal mehr das nostalgische Bild der Metropole überliefert, deren historische Ganzheit in Wirklichkeit nur über Umwege und längst nicht von allen Berlinern nachzuspüren war.

Zumindest die letzte Befürchtung wurde auf wunderbare Weise gegenstandslos. In der Nacht vom 9. auf den 10. November 1989 und an den darauffolgenden Tagen feierten die Berliner aus beiden Teilen der Stadt ein Wiedersehen, nahmen die einen den Kurfürstendamm in Besitz, die ihn nur aus dem Fernsehen kannten, umjubelt von den anderen, die an ihm zu Hause sind. Wenige Tage später holperten die ersten Autos seit dreißig Jahren durch eine Schneise in den Sperranlagen über den Potsdamer Platz.

Vieles hat sich seitdem grundlegend verändert. Aus allem erwächst die Zuversicht, daß in Zukunft wieder möglich sein und bleiben wird, was während des in diesem Buch behandelten Zeitraums ganz normal war:

Zu Gast zu sein im **Ganzen Berlin.**


Berlin, im Dezember 1989.

# Zu Gast im alten Berlin

Auf rund zweihundertfünfzig Seiten Berliner Hotels, Cafés, Destillen und Ausflugslokale: man sollte meinen, dies genügt für eine umfassende Präsentation der Gastlichkeit des alten Berlins von 1860 bis 1939. Aber angesichts der weitreichenden Zeitspanne ebenso wie der Größe der Stadt konnte es natürlich doch nicht ausreichen. Also mußte aus der bestehenden gastronomischen Arten- und Ortevielfalt eine Auswahl getroffen und des öfteren Verzicht geübt werden. So wird manch alter Berliner, manch traditionsbewußte Berlinerin aus der Erinnerung heraus dieses Tanz- oder jenes Ausflugslokal vermissen, wieder andere werden bemerkenswerte Geschichten zu der einen oder anderen Kneipe nachliefern können. Grundsätzlich sei dazu bemerkt, daß dieses Buch nicht angelegt ist, die Orte der alten Berliner Gastlichkeit enzyklopädisch zu erfassen und darzustellen. Es will vielmehr mit Abbildungen und Kurzbeschreibungen von gastronomischen Betrieben ein kraftvolles Stimmungsbild dieser Stadt in jener Zeit zeichnen, mit all ihren strahlend hellen Farben wie auch deren dunkleren Tönen.

Nun ist gleichwohl die Menge der historischen Photographien mit dem Sujet Berlin endlich und begrenzt. Vom Kenner der vorhandenen Materie wird gänzlich Unbekanntes kaum mehr auszumachen sein. Konnte somit der Ehrgeiz nicht in die Richtung des völlig Neuen gehen und auf die sensationelle Präsentation von noch nicht Dagewesenem abzielen, so war und ist es stets möglich, das umfangreiche, in den Archiven erschlossene Material als Bestandteile eines reich gefüllten Kaleidoskops zu begreifen. Auch dessen Inhalt verändert sich zwar von der Zahl seiner bunten Glasfacetten her nicht. Und doch eröffnen sich je nach Drehung und Betrachtungswinkel immer wieder überraschende Perspektiven, und durch neue Zuordnungen erschließen sich dem Betrachter bis-

lang übersehene Details, erzählen die Bilder eine weitere, eine andere Geschichte.

In unserem Fall sind es nun ausschließlich die Abbildungen der eingangs erwähnten Hotels, Cafés und Destillen, die sich in dem Kaleidoskop zu einem abwechslungsreichen Bild der Berliner Gastronomie vergangener Zeiten zusammensetzen. Ihre Begleittexte sind in der Regel auf einen nahezu einheitlichen Umfang begrenzt worden. Das bedeutet eine Einschränkung in denjenigen Fällen, in denen Häuser mit großen Namen Stoff genug für eigene Monographien bieten (die es zum Teil ja auch schon längst gibt). Aber beispielsweise dem Romanischen Café, Kempinski, Kranzler oder Aschinger wäre man im vorliegenden Fall auch mit ausgedehnteren Beiträgen nicht gerecht geworden. Dafür hätte sich in Bezug auf das Gesamtstimmungsbild eine ungerechte Verschiebung ergeben: Die preiswerten Riesenkrebse in Weißwein bei Kempinski, der Cocktail im Adlon, der Fünf-Uhr-Tee im Eden und das Eis bei Kranzler waren eben längst nicht alles, was Berlin dem Heer der Hungrigen und High-Life-Süchtigen, den Vereinsmeiern, Bier-nach-Feierabend-Trinkern und Raus-ins-Grüne-Flüchtenden zu bieten hatte. So wurden für eine umfassende Mixtur viele einzelne Ingredienzen mit Rücksicht auf das Ganze zugefügt.

Der Bildteil des Buches spiegelt Berlin als gastlichen Ort und Großstadtsehnsüchte in den mannigfachsten Ausformungen wider: gesellschaftliche Treffpunkte und Zentren intellektuellen Austauschs; Vergnügungssucht, Wunsch nach Entspannung und Erholung, Flucht vor Depression und sorgenvoller Wirklichkeit in Rausch, in Zerstreuung und Lust. Großstadtleben und Tempo der expandierenden Metropole forderten ihren Tribut, sie wollten die Massen der Fremden, der Wissenden, der Ver-

Gartenwirtschaft mit Kaffeeküche, 1900.

9

loreren. Wo sich die Hohlspiegel urbanen Lebens in
Berlin vor dem Auftakt zum politischen Endspiel,
dem Dritten Reich, befanden, läßt sich in einer ge-
wissen Weise nachvollziehen. Der Dokumentations-
drang der Photographen hinterließ deutlich sichtbare
Spuren. Auf ihnen kann man die Straßen jener Tage
entlangflanieren und das Gesicht der Stadt, das
heißt: ihre Häuser, abtasten. In Zeitschriften und
Augenzeugenberichten aus dieser Zeit wiederum erschließen sich ergiebige Quellen, die schier un-
erschöpflich sind. Angesichts der Intensität mancher
durch die Bilder oder durch schriftliche Zeugnisse
überlieferten Eindrücke erscheint es fast bedauerns-
wert, nicht selbst die turbulenten Jahrzehnte erlebt
zu haben, um als Chronist aus der Kenntnis jener
Jahre schöpfen zu können, in denen die hier vor-
gestellten Stätten ihre Rolle spielten.

Doch es hat wenig Sinn, nostalgische Verklärung und
Selbstmitleid zu verquicken. Vergessen wir nicht: Das
Spiel fand in den allermeisten Fällen ein abruptes
Ende und wurde nicht wiederaufgenommen. In den
Jahren der ideologischen Einebnung leerten sich die
Lokale der Avantgarde im gleichen Maße wie sich die
Sturmlokale der braunen Einheiten füllten; die inter-
nationale Extravaganz wich dem deprimierenden Ge-
pränge der Wichtigtuer im Braunhemd, später dem
Grau der Soldaten auf Heimaturlaub und dem
Trümmerstaub des Zusammenbruchs. In der Apoka-
lypse der Bombennächte zersprangen die Spiegel der
Pervertiertheit, gingen viele jener Orte unter,
an denen Menschen sich einst jahrzehntelang zu-
sammengefunden hatten, um die Leichtigkeit des
Seins zu finden. Indes: Jede Metropole lebt zu einem
guten Teil stets auch von ihrem Mythos, ihn dadurch
zur gleichen Zeit auf wundersame Weise wieder
mehrend.
Warum nicht auch Berlin?

## REISENDE UND TABLE D'HÔTE

Ja, warum nicht längst auch Berlin? Vielleicht, weil
es lange Zeit einfach zu unwahrscheinlich schien, daß
diese Stadt, die als preußische Hauptstadt vor der
Jahrhundertwende von ihrer Situation und Gestaltung her den Emporkömmlingen unter den europäischen Metropolen zuzurechnen war, sich zu einem
Platz von internationaler Bedeutung entwickeln
könnte. Weil sie, gemessen an der ihr durch die historische Entwicklung zugeteilte Rolle, schon vom
Ensemble her immer etwas anders geartet zu sein
schien; die Bühne ihrer Straßen war zu pompös
konstruiert, die Statisten auf ihnen zu nüchtern-
lakonisch, und überhaupt ging alles seinen seit jeher
festgefügten Gang. Wo in London, in Paris für die
Bedürfnisse einer neuen Zeit gewachsene Stadt-
strukturen rabiat aufgebrochen wurden, durch die
Landnahme von Eisenbahngesellschaften hier, durch
die Planungen eines Stadtpräfekten namens Georges
Haussmann dort, verharrte Berlin noch in dem von
einer Zollmauer begrenzten Altstadtgebiet, näherte
sich mit ersten Fabriken und Arbeitersiedlungen nur
zögernd den umliegenden Dörfern und Städten.
1850 reichten einige wenige Gasthöfe und Ausspannungen für Fuhrwerke zur Unterbringung von
Fremden und Reisenden aus. In jenem Jahr zählte
man nach dem unvermeidlichen amtlichen Schema
59 Gasthöfe erster, 17 zweiter und 26 der dritten
Klasse. Die Kategorisierung ging auf Forderungen
des Staates zurück, der wie immer an Ordnung, Über-
sicht und steuerlichen Abgaben interessiert war. Die
Klassifizierung der Etablissements berücksichtigte
ihre Ausstattung und Lage. Erstere reichte vom
Zimmer mit Bett und Licht zum Preis von einem
Taler in Gasthäusern erster Klasse bis zum Strohlager
für zwei Groschen in der Gaststube eines Gasthofs
dritter Klasse. Ohne Bettzeug kostete es einen

Restaurant Oscar Wilms
in der Lützowstraße, 1914.

Groschen weniger. Mit der Entfernung von den Linden nahm die Preiswürdigkeit der Gasthöfe zu, die billigen Unterkünfte der unteren Kategorie fanden sich demnach in der Nähe der Nord- und Ostbahnhöfe.

Von besonderer Bedeutung war natürlich die polizeiliche Registrierung der Gäste, deren sorgfältigste Durchführung den Gastwirten oblag; andererseits wachte das Auge der Obrigkeit zugunsten der Besucher streng über die Einhaltung bestimmter Normen. So standen beispielsweise hohe Strafen auf das immer wieder verlockende, weil gewinnbringende „Panschen" von Wein und Bier. Solche Vorkommnisse waren vom Gast sofort anzuzeigen, dem Wirt drohte im Wiederholungsfalle der lebenslängliche Entzug der Konzession. Auch die vom Polizeidirektorium festgesetzten Preise für die jeweilige Unterbringungsart durften von den Wirten nicht übertreten werden: Für jeden Groschen, den sie zuviel verlangten, war ein Taler Strafe zu entrichten.

Diese Pedanterie und Kleinlichkeit wird vielleicht in den wenigen vornehmen, den Bedürfnissen der damaligen Zeit angepaßten Hotels nicht an der Tagesordnung gewesen sein, zu denen das Hôtel de Brandebourg und das Hôtel de Rome gehörten. Bemerkenswert an ihnen war die Tatsache, daß die meisten frühen Absteigen in gewöhnlichen Wohn- und Mietshäusern untergebracht waren, die lediglich durch Umbauten ihrer Zweckbestimmung angepaßt wurden. Für eine gewisse Zeit war es denn auch weniger der technische und bauliche Standard eines Hauses, der sein Renommee bestimmte, als seine Lage und der Adel des Publikums: „Auf dieser südlichen Seite, der Palaisseite, im Gegensatz zur Akademieseite, befanden sich damals die vornehm-

sten Hotels: Meinhard, Petersburg und du Nord. Dort pflegten die reichen und vornehmen Fremden abzusteigen; auch viele Abgeordnete nahmen dort für die Dauer der Session ihren Aufenthalt. An der Wirtstafel, namentlich im Hotel Petersburg, konnte man regelmäßig sehr viele höhere Militärs und Ministerialbeamte antreffen. Hier atmete alles eine gewisse feierliche, gemessene vornehme Zurückhaltung und standesgemäße Langweiligkeit."[1]

Die Wirtstafel oder Table d'hôte, wie man sie im damals angemessenen, französisch gefärbten Jargon nannte, war das herausragendste Kennzeichen der Gastronomie des letzten Jahrhunderts. Ihr Wegfall kennzeichnete den Übergang zu einer neuen, von mehr Sachlichkeit und Tempo bestimmten Zeit. Isidor Kastan beschreibt die Zeremonie, wie sie noch um 1900 in Kisskalts Hotel Stadt London gepflegt wurde: „Hier speiste man noch in des Wortes eigenster Bedeutung an der Wirtstafel. Der Hausbesitzer selbst ließ es sich nämlich nicht nehmen, mit feierlichem Ernste die Suppe an seine Gäste zu verteilen und sich dann, nachdem dieses wichtige Geschäft vollendet, an die Spitze der Tafel zu setzen und mit vernehmlicher Stimme allen eine gesegnete Mahlzeit zu wünschen. Das Ganze hatte einen anheimelnden, beinahe patriarchalischen Stil."[2] Im Hôtel de Brandenbourg, in dem Theodor Fontane den Titelhelden eines seiner Romane, den alten Herrn von Stechlin absteigen ließ, wurde nachmittags um drei zum gemeinschaftlichen Essen gebeten. Aber mit dem Aufkommen neuer Bedürfnisse und anstehender Veränderungen machte sich Fontane später zum Fürsprecher der Abschaffung des mittlerweile überkommen Habitus: „(. . .) vor allem weg mit dem großen Reisetyrannen, dem Table d'hôte's Unsinn, weg mit den sieben Gängen, die bis zum letzten Bissen nichts repräsentieren als einen Wettlauf

Ausflug zur Baumblüte
nach Werder an der Havel,
Waldemar Titzenthaler,
1898.

„Prinzengarten" am
Müggelsee, Friedrich
Seidenstücker, um 1930.

zwischen Hungrigbleiben und Langeweile. Denn wer wäre je an Leib gesättigt und an Seele erfrischt von diesem Zwei-Stunden-Martyrium aufgestanden! Statt diesen elenden Plunders eine gut ventilierte Stube, ein Stuhl und ein Tisch, eine Matratze und eine wollene Zudecke; vor allem die Freiheit, essen zu können was man will und wann man will. Die Herren Wirte sind des Publikums willen da, nicht das Publikum der Wirte willen."[3]

So sollte es denn bald geschehen. In Griebens „Neuestem Plan und Wegweiser von Berlin" aus dem Jahr 1899 findet sich in entsprechender Häufigkeit hinter dem jeweiligen Hoteleintrag der Hinweis: Keine Table d'hôte. Die Einteilung der Hotels in drei Klassen wurde in jenem Büchlein zur Erleichterung des Lesers übrigens optisch unterstützt: „Die vornehmen Hotels ersten Ranges sind nachstehend mit fetter Schrift, die Mittelhotels ersten Ranges mit liegender Schrift und die Hotels für bescheidenere Ansprüche sowie die Hotels-garnis mit gewöhnlicher Schrift gedruckt." Sic! Zu den in liegender Schrift vermerkten Unterkünften gehörten in der erwähnten Ausgabe auch eine Reihe von Pensionen, unter anderen die von „*Fräulein Mätzki*, Anhaltstraße 15. Wird gelobt."

DIE NEUEN PALÄSTE

Alles fließt. So wurden die meisten Hotels, deren Namen man 1899 noch in erstrangig fetter Schrift druckte, von der rasanten großstädtischen Entwicklung eingeholt. Die Verbreitung des elektrischen Lichts – des Stroms überhaupt –, der Fahrstühle und der sanitären Anlagen ließen die behäbigen alten Häuser allerersten und ersten Ranges um die Jahrhundertwende schnell und hoffnungslos in den Rück-

stand geraten. Auch die Zunahme der Besucherzahlen, der rapide ansteigende Zustrom von Fremden offenbarte 1906 den Kennern der „Szene" die Mißstände: „Schon längst hätte der Riesenverkehr Berlins eine völlige Reorganisation des Hotelwesens nach sich ziehen müssen. Die guten alten Berliner Hotels bieten in ihrer Entwicklung aus dem Mietshause eine allzu primitive Lösung und manche der großen Prachtbauten bergen hinter vielversprechenden Fassaden seltsame Überraschungen."[4]
Zwar war der Kaiserhof, von Wilhelm I. als „Denkmal des Bürgerfleißes" bezeichnet, bereits 1875 entstanden und trotzdem nach wie vor in der Lage, den notorisch schlechten Ruf der Berliner Hotels zu mindern. Doch erst das riesige Central-Hotel (1879/80) am Bahnhof Friedrichstraße, das vornehme Bristol (1890/91) Unter den Linden, das erstklassige Adlon (1907) am Pariser Platz sowie der gleichrangige Fürstenhof (1906/07) am Potsdamer Platz, das mondäne Esplanade (1908/12) in der Bellevuestraße und last, but not least, das moderne Excelsior (1908) mit eigenem Fußgängertunnel zum Anhalter Bahnhof vollzogen den Anschluß an mittlerweile internationale Standards, setzten zum Teil gar neue Maßstäbe.
„Beim ersten Schritt in das neue Haus (gemeint ist das Adlon, Anm. d. Verf.) hinein staunt das Auge eine lange Perspektive von berauschender Schönheit entlang. Eine Marmor-, Bronze- und Freskenpracht in der weiten Eingangshalle, wieder Marmor und Bronze im Wintergarten, weiterhin, von einer grandiosen Prunkarchitektur umhegt, ein langgestreckter gartenmäßiger Binnenhof, rechts und links von blendenden Saalfluchten begleitet, und endlich begrenzt das weißgoldne Getäfel und die pompös ausgemalte Wölbung eines Festsaals dieses – sagen wir es frei heraus – dieses Wunder von Groß-Berlin."[5]

In einer Berliner Eckkneipe,
um 1910.

Dieses Wunder, der enorme Aufschwung seit den letzten Jahren vor der Jahrhundertwende, wurde allerdings erst durch neue Organisationsformen und durch das Engagement des Großkapitals möglich. Während bis in die achtziger Jahre fast alle Restaurants und Hotels noch privat bewirtschaftet waren, wurden die in den folgenden Jahrzehnten entstehenden Großhotels, Bier- und Vergnügungspaläste zu Anlageobjekten von Aktiengesellschaften, die sich ausschließlich mit dem Bau und Betrieb von Gastronomiebetrieben befaßten. Dazu zählten neben den Großbrauereien beispielsweise die Hotelbetriebsgesellschaft, der das Central-Hotel und das Bristol gehörten und die 1911 das berühmte Café Kranzler übernahm. Flaggschiff des Fürstenkonzerns war das Esplanade; die Aschinger-AG hingegen hatte von der Bierglocke bis zum berühmten Weinhaus Rheingold zahlreiche Betriebe unter ihrer Regie.

Der Bau der großen Hotelanlagen in jener Zeit bedeutete bei aller aufwendigen Ausstattung mitnichten nur Hervorhebung von elitärem Luxus als l'art pour l'art: „Die Berliner Grand Hotels bildeten einen wichtigen Gradmesser für den zivilisatorischen Standard, für den Weltstadtcharakter Berlins. Der Kaiserhof und die anderen Großhotels der ersten Generation hatten hier noch Pionierarbeit zu leisten, die Auswirkungen auf den privaten Wohnungsbau hatte. Im Kaiserhof lernte der Gast Badezimmer und Zentralheizung schätzen, bequemes und zweckmäßiges Mobiliar und sofort verfügbare Beleuchtung mit Gaslampen und schon bald elektrischem Licht. In den Hotels fanden Telefon und Fahrstuhl sofort Anwendung. (. . .) Insbesondere die Zunahme der Einzelbäder spiegelte die wachsende Bedeutung moderner sanitärer Anlagen und eines entsprechenden hygienischen Bewußtseins wider."[6] Daß dies nicht von heute auf morgen und ohne Komplikationen erreicht wurde, ist offensichtlich: „Zum großen Teil liegt die Schwierigkeit des Problems an der Unerzogenheit unseres modernen Reisepublikums. Der Deutsche ist nicht gewöhnt zu reisen. Er will im Hotel sich wie zu Hause fühlen. Ein Faktor, mit dem unsere Hotels heute noch rechnen müssen. Sie werden gezwungen, den Hintergrund zu Bildern aus dem deutschen Familienleben zu stellen."[7] Rückblickend scheinen die Bemühungen erfolgreich gewesen zu sein, mißt man sie an dem Zustrom der Besucher. Im Jahr 1911 wurden in Berlin 1 300 000 angemeldete Fremde gezählt.


LESE-CAFÉS UND FLANEURE

Provinzialität kennzeichnete zunächst nicht nur das Beherbergungswesen. Auch die Gewohnheiten von Essen und Trinken boten am Beginn von Berlins Weg zur Weltstadt nur wenig Hinweise auf Eleganz und weltläufige Vielfalt. Der Berlin-Chronist Ernst Dronke stellte 1846 fest: „Die Speisehäuser sind in Berlin der verschiedensten Art. Die Dandys speisen bei den ersten Restaurants Unter den Linden und messen den Wert ihrer Würde nach den Preisen, die sie zahlen. Ein großer Luxus ist indes in betreff des Mittagstisches nicht vorhanden, vielleicht weil derselbe bei den meisten unabhängigen Leuten nur als Nebensache, als Vorbereitung für den Abend angesehen wird, vielleicht, weil das Essen überhaupt schlecht ist."[8] Und Karl Scheffler konstatierte 1910 in seiner Betrachtung über „Berlin – Ein Weltstadtschicksal" gleichfalls den deprimierenden Tatbestand jener Epoche: „Weltstadtlokale, einen berühmten Ratskeller, zum Beispiel, hatte Berlin in der ersten Hälfte des neunzehnten Jahrhunderts nicht. Sammelpunkte der eleganten Welt waren ein paar Konditoreien unter den ‚Linden' und in der Nähe des

Der Saal des Wintergarten
Varietétheaters, um 1900.

Schlosses, wie Jagow, Josty oder Fuchs. Sie waren ein Import der Graubündner und Franzosen und legten Zeugnis noch ab von den Feinbäckerkünsten dieser Südländer. Die Weinstuben aber hatten durchaus kleinbürgerlichen Charakter. Vielleicht mit einer Nuance französischer Behaglichkeit. Sie waren übrigens gering an Zahl; denn die eigentlichen typischen Berliner Lokale, das waren die ‚Restaurationen‘ und Weißbierstuben, wo auf schwarzen Tafeln die Gerichte des Tages angezeigt wurden."[9]

Tatsächlich verkörperten die frühen Berliner Konditoreien einen Sondertypus schweizerischer Prägung, der auf Einwanderer aus dem Engadin zurückging. Als erster gründete der Schweizer Zuckerbäcker Giovanoli 1818 in der Charlottenstraße 61 einen Kaffeeausschank mit einem Lesezimmer, dessen Einrichtung auf den Komfort des wissensdurstigen und lesehungrigen Berliners zielte. Es folgte die Eröffnung von Häusern mit seinerzeit berühmten Namen wie Josty, Volpi, Stehely, Sparpagnani, Courtin oder Rousset. Diese übermächtige „Fremdherrschaft" auf dem Konditoreisektor wurde unter anderem von der geheimen Vorliebe der Berliner für Ausländisches mitgetragen. Eine der wenigen einheimischen Ausnahmen war der Berliner Koblank, der später angeblich daran scheitern sollte, daß er in seinen Räumen nur Berliner Zeitungsblätter zur Lektüre auslegte, was die Aussage des vorhergegangenen Satzes einmal mehr bestätigt.

Courtin in der Königstraße 61 war eine Domäne der Kaufmannschaft, ebenso das Volpi an der Stechbahn nahe dem Königlichen Schloß. Dort lag auch das Josty, das später an die Schloßfreiheit und 1880 dann an den Potsdamer Platz zog und hauptsächlich von pensionierten Militärs frequentiert wurde. Damen besuchten diese Etablissements selten und wenn, dann nur in Herrengesellschaft. Wie den genannten Cafés blieb auch der Konditorei Sparpagnani, Unter den Linden 50, als Kennzeichen der Anblick der in die Lektüre leise raschelnder Zeitungen vertieften Gäste: „Der vierte confiseur roi ist Sparpagnani unter den Linden. Hier ist das lebendigste, intelligenteste Treiben, der mannigfachste Verkehr und doch der stillste, weil das Journalstudium der Hauptzweck ist."[10] Diese Atmosphäre von Gemessenheit und Ruhe wurde jedoch nicht von allen Besuchern gleichermaßen geschätzt: „Ein ergötzlicher Aufenthalt waren diese Konditoreien nicht; hatte man seine Zeitung gelesen, so blieb nur übrig, wieder fortzugehen. Die Lokale waren klein und mußten ausgenutzt werden. Die Tische standen so gedrängt, daß für den Einzelnen wenig Ellbogenraum blieb. Ein Gespräch unter Freunden verbot sich, weil es von einer ganzen Anzahl unbeteiligter Personen mitangehört worden wäre. Auch das Rauchen mußte unterbleiben (. . .)."[11] Ungleich lebhafterer Betrieb herrschte im Café Stehely am Gendarmenmarkt. Es lag dem Schauspielhaus fast gegenüber und zählte in erster Linie Künstler, Literaten und Journalisten zu seinem Publikum.

Die genannten frühen Kaffeestuben bildeten die Vorstufe einer Entwicklung, die sich über die spätere Adaption des Wiener Caféhaus-Typs bis zu den großen Kaffeehäusern wie National und Kaiserhof fortsetzte, deren buntes Treiben nur mehr wenig mit der Friedhofsruhe jener Lesekonditoreien zu tun hatte. 1825 eröffnete der Wiener Konditor Johann Georg Kranzler Unter den Linden sein Café, in dem er den ersten Rauchsalon Berlins einrichtete. Auch zeigte er sich als Vorreiter, als er den Konditoreibetrieb bei gutem Wetter auf eine kleine Veranda vor dem Haus ausdehnte. Sie sollte in der uniformsüchtigen Zeit vor dem Ersten Weltkrieg zur „Walhalla der Gardeleutnants" avancieren: „Bei

Kranzler Unter den Linden treten die Offiziere und jungen Fashionables ein. Man ißt hier nur Eis, verzehrt Kuchen und trinkt Schokolade; die Unterhaltung betrifft nichts anderes als Pferde, Hunde und Tänzerinnen. Oft auch sieht man die jungen Herren sich zwecklos auf den kleinen Sesseln vor der Tür niederlassen, die Beine auf das Gitter des eisernen Geländers strecken und die Vorübergehenden mit vornehmer Ungezogenheit lorgnettieren.“[12] 1867, als sich dem Kranzler gegenüber das Café von Herrn Oscar Bauer etablierte, hielt damit das Wiener Café Einzug, mit einem deutlichen Stich ins Berlinische natürlich: „(. . .) einzelne Nuancen wie die Münchner und die Pilsner Bierhähne am Büfett, die reichhaltige kalte Küche und – vor allem – die Fruchtkuchen mit Schlagsahne traten bald genug zur Berliner Ausgabe des Wiener Cafés ergänzend hinzu.

Die augenblicklich modernste Fasson (. . .) ist das zweistöckige, zierliche, knallweiß beleuchtete Lokal mit warmer Küche und feuriger Opernmusik. Die Berliner Konditorei mit anschließendem Lesezimmer ist unsere ureigenste Erfindung und von einer steten Gleichmäßigkeit, die dem konservativen Bürgersinn, der diese Konditoreien bevorzugt, alle Ehre macht.“[13] Durch das zusätzliche Angebot warmer Speisen versuchten die Wiener Cafés berlinischer Prägung, der wachsenden Konkurrenz von Restaurationen und Speisewirtschaften zu begegnen. Das Café Bauer hatte in dem Neubau von 1878 als eines der ersten Häuser überhaupt elektrische Beleuchtung und überließ es dem Gast, aus sechs- bis achthundert Zeitungen und Zeitschriften, die hier ständig auslagen, sein Leib- und Magenblatt herauszusuchen. Dazu hatte er genügend Zeit, denn das Café Bauer war die ganze Nacht geöffnet. Erich Kästner verewigte es übrigens in einem Gedicht (Der Scheidebrief):

„Zwei Stunden sitz ich schon im Café Bauer
Wenn du nicht willst, dann sags mir ins Gesicht
Deswegen wird mir meine Milch nicht sauer
Ich pfeif auf dich, mein Schatz, denn nicht.“

Der Großstadtbetrieb schuf neue Bedürfnisse und eröffnete dem Publikum neue Angebote. Café Josty und Kranzler blieben die einzigen der alten Konditoreien, die den Wandel der Zeit überleben konnten. Das Kranzler zelebrierte an den Linden/Ecke Friedrichstraße weiterhin seinen Ruf als traditionsreiches Berliner Café. Mit der Entwicklung des Potsdamer Platzes zur zentralen Drehscheibe metropolitanen Verkehrs avancierte das Josty zum Schaufenster Europas, „wo sie schon von früh an sitzen und Zeitungen lesen, und die Pferdebahnen und Omnibusse kommen von allen Seiten, und es sieht aus, als ob sie jeden Augenblick ineinander fahren wollten (. . .)“.[14] Wie viele Gäste haben sich hier in ihre Zeitung vertieft, dem hastigen Treiben auf dem Platz zugeschaut, den rund vierzig Straßenbahnlinien kreuzten, und wie viele haben das alles nur als Hintergrund genommen? „Hier brüllt am Tage fieberndes Leben. Man hat das Empfinden, als werde ein Riesenfeuerwerk abgebrannt, als schössen Brüllraketen empor, zerplatzten an den Dächern der Häuser und überschütteten die ganze Stadt mit einer Flut von Geräuschen, die den Rädern der Trams, Autos und Lastfuhrwerke entsprungen ist. (. . .) In der Ecke des Jostyschen Vorgartens sitzt ein junges Paar. Sie hat eine helle Bluse an, ihr schöngeformtes Bein ist von Seide eingehüllt. Er spricht lachend zu ihr. Und wenn sie die Tassen heben, begegnen sich ihre Blicke und weilen lange aufeinander. Dann berühren sich scheu ihre Hände, wie unabsichtlich. Zwei Großstadtkinder, die Ferien haben, aber aus diesen Steinmauern nicht ausbrechen können, weil ihnen das Geld für eine Sommerreise fehlt. Nun

Eingang zum Franziskaner
am Bahnhof Friedrichstraße,
um 1910.

„Nürnberger Winckel"
im Bayerischen Viertel,
Schöneberg, um 1910.

treffen sie sich sicherlich jeden Tag, machen Spaziergänge in den Parkanlagen. Und auch der Lärm des Tages kann ihr junges Glück nicht zerpflücken."[15]

Entspann sich in den versteckten Winkeln der Cafés an kleinen Tischen so manches tête-à-tête, so war ihre Rolle als öffentliches Forum nicht minder ausgeprägt. „Sie waren die Wechselstuben der Gedanken und Pläne, des geistigen Austauschs, die Produktenbörse der Dichter, des künstlerischen Ruhms und auch des Untergangs (. . .)."[16] Zu ihnen gehörte das Café des Westens, das zwischen 1896 und 1913 von den intellektuellen Höhenfliegern als Heimstatt ausgewählt worden war – weshalb es als Literatencafé seinen entsprechenden Namen erhielt: Café Größenwahn.

Was ist geblieben? Das Gebäude ist längst dahin. Die Anekdoten sind aufgeschrieben, die sich um jene Personen ranken, die sich hier trafen: Carl Sternheim, Frank Wedekind, Paul Lindau, Peter Hille, Else Lasker-Schüler, Herwarth Walden, Ottmar Begas, John Höxter, Erich Mühsam . . . Nach dem Umzug der „Bohème" 1913 in das Romanische Café gegenüber der Kaiser-Wilhelm-Gedächtnis-Kirche drehte sich dort das Karussell der Namen und Strömungen weiter. Gewöhnliche Kunstbeflissene verteidigten ihre Tische ebenso wie Dadaisten, Secessionisten und Expressionisten; Literaten, Regisseure und Schauspieler amüsierten sich hier, zogen ihre Fäden, suchten Bekanntschaften oder oft auch nur eine Möglichkeit zu überleben. Max Herrmann-Neiße, Otto Dix, Christian Schad, Anita Berber – die Tänzerin –, John Heartfield, George Grosz und Walter Mehring: Name für Name offenbart zwar die Chronistenpflicht, doch sie vermag kaum mehr etwas zu bewegen. Weder überlebte das Romanische Café und mit ihm der Typ, den es verkörperte, noch die intellektuelle Schicht in ihrer eigenwilligen Zusammensetzung, wie sie sich dort einer mitunter fast voyeuristischen Öffentlichkeit präsentierte.

Gaukeln wir uns nicht vor, daß sich jene Zeit vor dem irreversiblen Exodus der Namen allein durch deren Aufzählung auch nur im entferntesten beschwören ließe: „Da saßen Schulreformer neben Schwarmgeistern, abseitige Liebespaare neben Neutönern, Genies neben Pumpgenies, Revolutionäre neben Taschendieben, Morphinisten neben Gesundheitsaposteln, Mäzene, die ihr Geld hingaben neben Mädchen, die sich hingaben." So beschrieb der „Kaffeehausliterat" Hermann Kesten rückblickend die „Szene", auch er war einer der vielen, die wegen ihres Glaubens oder ihrer Gesinnung das Land verlassen mußten. Anläßlich der Ehrungen zu seinem neunzigsten Geburtstag im Januar 1990 in seiner Heimatstadt Nürnberg konnte man ihn noch einmal erleben, den Zeitzeugen: wach, aufmerksam, aber schweigend. Nichts konnte deutlicher machen, was die geistige Spanne von eines Menschen Zeit zu umfassen vermag, nichts konnte mehr Neugier auf die Vergangenheit wecken als eine solche Begegnung.

## DAS NEUE TEMPO

Der Ruf des Romanischen Cafés, Zentrum, Informationsbörse und gar Schreibtisch der Intellektuellen zu sein, mochte sich in legendäre Dimensionen verbreiten, aber es war bei weitem nicht für alle der Nabel der Welt. Dafür gab es allein schon zu viele berühmte Zeitgenossen, die mit denen über Kreuz lagen, die dort Stammgast waren und sich deshalb lieber woanders trafen, im nahegelegenen Schwannecke in der Rankestraße etwa oder im Café Jänicke in der Motzstraße. Wieder andere hatten ohnehin ihre eigenen Schlupfwinkel, Joseph Roth beispielsweise, der am liebsten in einer der Nischen von Mampes guten Stuben am Kurfürstendamm arbeitete (die immerhin noch bis 1976 existierten). Und überhaupt bestand die Gesellschaft ja nicht nur aus Regisseuren, Tänzerinnen, Schriftstellern, Schauspielern und Kritikern. Die Zahl der registrierten Übernachtungen pro Jahr ging mittlerweile in Millionenhöhe, was bedeutete, daß sich täglich jede Menge Fremde in den Straßen tummelten, in den Hotels und in den Restaurants – Neugierige, Geschäftsreisende, Glücksucher, Heimatlose. Und schließlich gab es die „normalen" Berliner, die kleinen Angestellten, die Kneipiers und Ladenbesitzer, die Studenten, Blumenverkäuferinnen und Eckensteher. Sie alle folgten ihren eigenen, unterschiedlichen Neigungen, Sehnsüchten und Gelüsten. Davon wiederum lebte die Vielfalt der Ambientes, egal ob Tanzdiele, American Bar, Café oder Vergnügungspalast. Am und um den Kurfürstendamm lockten das Café Wilhelmshallen oder das Café Zoo, die Traditionshäuser Schilling oder Möhring sowie die neue Filiale des Kranzler an der Ecke Joachimstaler Straße. Im Café Wien spielten Zigeunerkapellen. Bei Reimann konnte man selbst angesichts des nahenden Winters im Freien neben eigens aufgestellten Kohleöfen seine Wetterunempfindlichkeit demonstrieren. In der Probierstube von Café Zuntz in der Tauentzienstraße genoß der Eilige das Aroma einer schnellen Tasse Kaffee. Egal wo: „Die Kaffeehäuser sind immer überfüllt. An den Tischen werden Geschäfte geschlossen und Schweinigeleien erzählt. Der Kapellmeister wirft seine Arme wie Windmühlenflügel umher. Die Geigen kratzen munter drauf los und freuen sich, daß bald elf Uhr ist. Irgendein Chansonier plärrt ein pseudopatriotisches Liedlein. Vom Kaiser und der Zeit, wo die Straßenbahn noch zehn Pfennige kostete. Von der Armee, die man draußen eingescharrt hat. Weil die Chansons geschmacklos und

kitschig sind, freut sich das Publikum und applaudiert. Eine Dame blättert in einem Modejournal und schlägt ihre Beine übereinander. Sie weiß, daß der Herr, der ihr gegenüber sitzt, anbeißen wird. Auf der Straße: geflüstertes Angebot verbotener Dinge. Kokain, Nachtbars, Spielklubs. Auf der Straße geflüstertes Angebot erlaubter Dinge. Brillanten, Frauenfleisch."[17] In den Zeilen Hardy Worms über das Berlin der sogenannten Goldenen Zwanziger Jahre teilt sich der ambivalente Reiz der Großstadt mit, der nicht an bestimmte Orte gebunden war, gleichsam über allem schwebte und sich in vielem mitteilte: in dem hektischen Autoverkehr, den Lichtreklamen, die an Kurfürstendamm und Tauentzien die Nacht zum Tage machten, in dem überall greifbaren Angebot des Gediegenen ebenso wie des Verruchten, in der altdeutschen Betulichkeit ebenso wie in der Aufforderung zum modernen Tempo.

Diesem entsprachen die Schnellgaststätten und Automatenrestaurants, die mitnichten eine Erfindung unserer Tage sind. In der Leipziger Straße eröffnete 1897 das erste Automatenrestaurant, sinnigerweise „Automat" genannt. Betrieben wurde es von dem Unternehmer Max Sielaff, dessen Automat-Gesellschaft die technische Ausstattung für ähnliche Restaurants auch in anderen Städten lieferte und damit einen einheitlichen Standard schuf. Die Innenausstattung stammte in vielen Fällen von dem Berliner Architekten Bruno Schmitz, beispielsweise in der Automat-Gaststätte in der Friedrichstraße, die er 1906 neu gestaltete. Die Verwendung von Marmor, Metall und Glas unterstrichen das Bestreben nach Funktionalität, die wiederum mit Selbstbedienung, Zwanglosigkeit und raschem Konsum das absolute Credo der neuen Zeit übermittelte: „Die Welt ist um eine neue Schönheit bereichert worden: die Schönheit der Schnelligkeit. Die Schnelligkeit gibt dem Leben

Berliner Kneipe:
Bevor die Gäste kommen.
Friedrich Seidenstücker,
um 1930.

Das 6. Geschäft der Kette
„Treichel's Gulaschkanone",
um 1928.

einen der Wesenszüge des Göttlichen: die ‚Gerade‘. Schnelligkeit ist: Überwindung der Widerstände, Drang zum Neuen, Entdeckerfreude, Neuzeit, Hygiene. Trägheit ist: Stillstand, unbewegte Verehrung der Dinge, Sehnsucht nach dem Zuvorgesehenen und schon Bekannten, Festlegung im Müden und in der Ruhe. Wer sich schnell bewegt, wer schnell Entfernungen überbrückt, verbindet entferntere Dinge, sieht sie zusammen in einer neuen Hypothese. Schnelligkeit ist höchste Äußerung der Lebenskraft: Sieg unseres ‚Ich‘ über die Anschläge unserer Schwere, die uns in die Unbeweglichkeit zu bannen sucht. Schnelligkeit schafft Widerstandskraft, zerstört die triste Verkalkung und Verklebung der Menschheit, vervollkommnet die Zirkulation des Erdkreises. O Glück der schnellen Bewegung!“[18]

Schnelligkeit, Sauberkeit und gründliche Organisation hatten Berlin schon eine andere Institution verschafft, die zum Inbegriff einer bestimmten Art von Gastronomie geworden war: Aschinger. Die aus Süddeutschland stammenden Brüder Carl und August Aschinger eröffneten 1882 ihre erste Gastwirtschaft in der Roßstraße. Bald entstand eine Kette von Bierlokalen, erkenntlich an den Firmenschildern im weißblauen Rautenmuster. Hinzu kamen Konditoreien, ausgewiesen durch grüne Firmenschilder, und später Großunternehmungen wie das Weinhaus Rheingold. Ausschlaggebend für den Erfolg beim breiten Publikum waren in ersteren die Preiswürdigkeit und die gleichbleibende Qualität eines stets unveränderten Speisenangebots. Der Hinweis auf die berühmten Löffelerbsen mit Gratisbrötchen darf hier nicht fehlen. Er ist in diesem Fall nicht nur pflichtgemäße Hommage an eine gastronomische Legende, sondern lebhafte Erinnerung an eigene Sättigungserlebnisse in der letzten, längst abgerissenen Aschinger-Filiale nahe dem Bahnhof Zoo.

Selbstverständlich wurden die Nahrungsgewohnheiten nicht ausschließlich und erst recht nicht überall durch Tempo und Hektik bestimmt. Weinlokale mit holzgetäfelten Wänden suggerierten Geruhsamkeit. Marmor und andere, erlesenste Materialien in den erstklassigen Restaurants erzeugten eine Atmosphäre der Würde und Vornehmheit. Auch hier geriete man in ein Gedränge der Namen, wollte man alle Häuser wegen der einen oder anderen Besonderheit erwähnen. Da gab es die eher kleinen, traditionsreichen Weinrestaurants, deren Räume oft aus Wohnungsgrundrissen hervorgegangen waren und denen in Beschreibungen und Reiseführererwähnungen gerne die Attribute „alt“, „bekannt“, „behaglich“ und „geschätzt“ zugeteilt wurden. Eine der „erinnerungsreichsten“ Weinstuben war sicherlich die von Lutter & Wegner in der Charlottenstraße, während Frederich nahe dem Potsdamer Bahnhof sich rühmen konnte, Stammlokal von Adolf von Menzel gewesen zu sein und das Weinhaus Huth am Potsdamer Platz dasjenige von Heinrich von Treitschke. Letzteres erlebte außerdem als eines der wenigen noch ein Stück der Nachkriegszeit. Haußmann in der Jägerstraße galt als „alte, geschätzte Weinstube der Kenner“ und verwies dabei auf die zahlreichen, an den Wänden ausgestellten Dankschreiben Bismarcks; und die Weinstube von Habel erwies sich als ebenso traditionsreich und ehrwürdig wie Das Schwarze Ferkel nahe dem Reichstag.

## GROSSMANNSSUCHT

Die Errichtung der großen Bierpaläste seit dem Ausgang des 19. Jahrhunderts ließ die mit ihnen um die Gunst des Publikums konkurrierenden Weinrestaurants nach 1900 immer prachtvoller werden. Während Häuser wie die oben genannten auf ihrer

Selbstbedienungsrestaurant,
um 1926.

Intimität beharrten, klotzten die Neubauten mit prunkhafter Inneneinrichtung. Sie vergaßen über dem protzigen Dekorationsaufwand auch schon mal die Qualität von Speis' und Trank, die mitunter dazu in keinem rechten Verhältnis mehr stand. Um den Ruhm der edelsten Ausstattung gab es gleich mehrere Bewerber. Das Kempinski in der Leipziger Straße lockte nicht nur mit dem preisgünstigen Angebot einer Portion Kaviar, die auf beleuchtetem Eis serviert wurde, es beeindruckte die Besucher auch mit Majolika-Wandbekleidungen im Innern und üppigen Jugendstilfassaden außen.

Noch preisgünstiger als das Kempinski und zugleich noch verschwenderischer ausgestattet war das Weinhaus Rheingold in der Bellevuestraße, ein millionenschweres Unternehmen der Aschinger AG. Wie in den erwähnten Automatenrestaurants war hier der Berliner Architekt Bruno Schmitz am Werk gewesen, der den Aufenthalt des Gastes in einem der vierzehn Säle aus Onyx, Mahagoni oder Ebenholz zu einer Feier werden ließ. Großes Aufsehen erregten die Weinstuben Trarbach in der Behrenstraße, die der Münchner Jugendstilkünstler und Architekt Richard Riemerschmid unter Verwendung edelster Materialien gestaltet hatte. Dabei achtete er darauf, daß die Einrichtung von der Farbgebung der Wände bis zum Streichholzständer aufeinander abgestimmt war. Ebensowenig mit prunkvollen, architektonischen Reizen geizten die großen Hotels, die auch im Bestreben um den höchsten Standard von Küche und Keller in hartem Wettstreit lagen: Esplanade, Bristol, Kaiserhof, Adlon . . . Waren die Unterschiede ihrer Küchenerzeugnisse vielleicht nicht mehr für jeden faßbar, so bestand immer noch die Möglichkeit, seine Ortswahl von den gesellschaftlichen Kreisen abhängig machen, die dort anzutreffen waren: Adel und Offiziere im Esplanade, Amerikaner im Adlon.

Im Bristol konnte man sich „beim Diner zwischen einem Tische, an dem Herr Albert Ballin, der Generaldirektor der Hamburg-Amerika-Linie, als treuer Stammgast speist, und einem anderen befinden, an dem Herzog Ernst Günther zu Schleswig-Holstein, der Bruder der Kaiserin, und seine Gemahlin, die Herzogin Dorothea, einen kleinen Freundeskreis bewirten."[19]

Seine Erfüllung fand der Berliner Hang zum Superlativ mit dem Haus Vaterland am Potsdamer Platz, selbst wenn es weniger die Berliner als die Fremden waren, die hierher strömten. Bis zu dreitausend Besucher zählte man fast täglich, was jedoch angesichts der Größe des Hauses und der Vielzahl der Lokale unter seinem Dache kaum mehr verwunderte. Franz Hessel führt als „Flaneur in Berlin" den Leser hinein ins volle Menschenleben: „Hat Sie der Fahrstuhl aus dem prächtigen Vestibül hinaufgetragen, so können Sie bei dem üblichen Rebensaft von der Rheinterrasse bequem ins Panorama blicken, wo Ihnen über Rebenhügel, Strom und Ruine ein Gewittersturm erster Klasse vorgeführt wird (. . .). Von da taumeln Sie, bitte, in die Bodega, wo Ihnen merkwürdige Mannsleute mit bunten Binden um Kopf und Bauch was Feuriges bringen, um Sie in eine spanische Taverne zu versetzen. Die beiden schüchternen Spanierinnen aus der Ackerstraße dort in der Ecke werden durch Tanzvorführungen Ihre Stimmung erhöhen. Beim Betreten der Wildwest-Bar werden Sie laut Programm die ganze Romantik der amerikanischen Prärie empfinden. Kaufen Sie sich auf alle Fälle ein Programm! Da wissen Sie gleich, wie Ihnen zumute zu sein hat."[20] Und so geht es weiter, durch Heurigen-Stube, Türkisches Café und Münchner Löwenbräu.
Natürlich mußte man sich nicht in der Pseudo-Bierschwemme neppen lassen, die das Bayerische

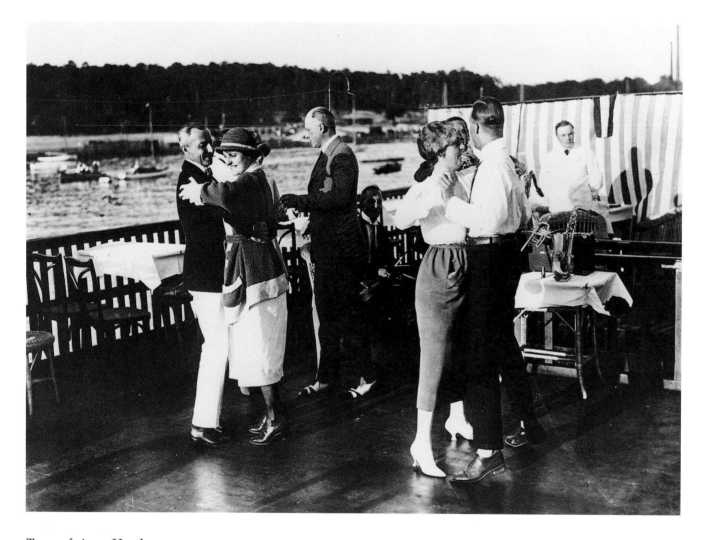

Tanz auf einem Hausboot
auf dem Wannsee, um 1930.

ebenso inszenierte wie das Wienerische oder die Flamenco-Atmosphäre. Ganz in der Nähe, in der Friedrich- und in der Behrenstraße gab es eine Reihe von Originalbräus, die von bekannten süddeutschen Brauereien betrieben wurden: Tucher, Mönchshof, Spaten, Pschorr. Das typisch-fränkische und urig-bajuwarische wurde auf Teufel-komm-raus an die Gebäude in Berlin-Mitte appliziert. „Als neue Sehenswürdigkeit beschreibt sie Laforgue. Türme und Türmchen dieser *curiosités architecturales* fallen ihm auf, und er weiß von einer Magistratsverfügung, die verbieten mußte, daß noch höher getürmt wurde, sonst wären am Ende die Berliner Biertürme babylonisch in den Himmel gewachsen. Er ergötzt sich an den alfresco-Bemalungen außen und innen. ‚Der Stil dieser Etablissements‘, schreibt er, ‚ist, was man deutsche Renaissance nennt. Sie haben Holzverkleidung an Decke und Wand, auch die Pfeiler sind bemalt und rings um den Saal läuft eine Etagere, wo aller Art Bierbehälter aufgereiht stehen, aus Porzellan, Steingut, Metall und Glas aller Epochen‘. Wie lang sich dieses Kolossal-Nürnberg noch halten wird gegen das eilig laufende Band der Lichtreklameflächen, das jetzt die Fassaden von Berlin glatt und gleichmachend erobert, das weiß ich nicht."[21]

Namen und Geschichten blieben. Doch viele der ehemals berühmten Adressen werden nur noch einigen wenigen Menschen eine Erinnerung sein. Rudolf Dressel, Unter den Linden, war eines der ältesten Berliner Lokale und berühmt für seinen Rotwein; unweit davon Karl Hiller, für „Klubleute, Diplomaten, Börse und auch Theater", oder, etwas ungezwungener, die Weinhandlung von Julius Ewest in der Behrenstraße. Aber nicht alle Gäste suchten die intime Atmosphäre, um mit Essen und Trinken Leib und Seele zusammenzuhalten, sondern wandten sich den Vergnügungsetablissements zu, die dem Beispiel

der Bierpaläste und Weinhäuser folgten und gleichfalls immer größer und aufwendiger wurden. Ob Lunapark, ob Metropol, ob Resi oder Scala – sie alle versprachen ständig mehr Sensationen und neue Sinnenreize.

## NACHTSCHWÄRMER

Hinsichtlich der Lichtreklamen und der Attraktivität hatte der Kurfürstendamm den Linden und der Friedrichstraße in den zwanziger Jahren längst den Rang abgelaufen: „Der Kurfürstendamm ist Berlin, das heutige, gegenwartssichere Berlin."[22] Die Linden, einstmals Prachtstraße und Paradesteg von Adel und Großbürgertum, dämmerten im wahrsten Sinn in fast musealer Würde, denn bunte Außenreklamen waren hier verboten. Die Friedrichstraße entwickelte sich im wilhelminischen Berlin zur Hochburg einer neuen Vergnügungsindustrie. Wenn sie den ersten Rang im Herzen der Berliner später auch an Potsdamer Platz und Ku'damm verlor, so blieb sie als Mythos ihrer selbst für die Anreisenden vom Land immer noch anziehend genug.

Es lockten die Bars und Kaschemmen, die Varietés und die Tanzpaläste. Gegen die unzähligen Orte, an denen man in Berlin seine Tanzwut abreagieren konnte, nehmen sich die heutigen Discotheken in der Zahl eher bescheiden aus. Getanzt wurde immer und überall. Die Cafés und Hotels wetteiferten darin, die besten – je nach Zeitgeschmack forsche, fetzige oder schräge – Kapellen zu engagieren. Polka und Galopp begeisterten das Publikum zu Kaisers Zeiten: „Mitten in dem Gewirr aber, mitten in diesem Sturm der Gefühle, ragt bewegungslos bis in die schwarzen Bartspitzen der Tanzmeister, kühl bis ans Herz hinan, mitten in diesem Sturm der Gefühle, der ihn umtost."[23] Der Brauch war, während des Tanzes plötzlich die Musik zu unterbrechen und die Herren abzukassieren, bis es wieder hieß: „"Woiterr!" Und der Pianist mit der roten Nase haut von neuem, ohne den Kopf zurückzudrehen, mit seinen Riesenhänden auf den alten Mahagoniflügel ein, daß das Bierseidel auf dem Deckel nur so tanzt (. . .)."[24] Später waren es Tango und Charleston, Wackeltanz, Jazz und Twostep. Getanzt wurde zum Fünf-Uhr-Tee in den großen Hotels, in den Ausflugslokalen, in den Kneipen und in den Tanzhochburgen, wo man, wie im Residenz-Casino oder in der Femina-Bar, bei Schüchternheit (oder aus Faulheit) seine an drei Tischen entfernt sitzende Traumpartnerin per Tischtelefon zum Tanz auffordern konnte. Durch Rohrpostleitungen, die zu Anschlüssen an jedem Tisch führten, durfte man Parfümflakons für die Dame oder eine vergoldete Bartschere für den Herrn – beides aus dem reichhaltigen Angebot des Hauses kostengünstig zu erwerben – ins Auffangkörbchen sausen lassen.

Da verging die Zeit schnell, doch die Nacht war immer schon lang in Berlin. Zwar gab es nominell Beschränkungen der Öffnungszeiten, aber sie waren kaum die Druckerschwärze wert, in der sie als gesetzliche Bestimmungen niedergelegt waren. Wohl hatte man allgemein die Schließung der Lokale auf zwölf Uhr nachts festgelegt, aber nicht ihre morgendliche Öffnungszeit. Und wenn Bars und Kabaretts je nach Konzession um zwei oder um vier Uhr morgens schlossen (zum Beispiel Brady, Klosterkeller, Maxim), so gab es genügend andere Örtlichkeiten, die um zwei oder drei Uhr morgens gerade anfingen, wie etwa das Monbijou, das Lindencasino, Grünfeld und Dreher.
Um diese Zeit ging es nicht mehr nur um Essen und Trinken: „Auf der Friedrichstraße ist es wie auf einem öffentlichen Liebesmarkt (. . .). Einen Augenblick treten wir in die alte berühmte Zylinderdestille (= *Bar*) von ,Bols' und nehmen eine der klassischen Likörmischungen (. . .). Dann aber schnell zu ,Riche', ,Riche' ist eine Fortsetzung der ,roten Mühle'. Derselbe Geigenrausch umfängt dich dort, dieselben glitzernden Geschmeide, dieselben nackten Schultern (. . .). Man soupiert, trinkt noch ein paar Flaschen Sekt, und die Lust und die Liebe werden gleichsam auf einem feinen Mahlstein geschliffen (. . .)."[25] Andere sahen hier nur die Billigkeit des „beflitterten Sexualnepps in den sogenannten Palästen und Palais, wo der Antrieb gemietet ist und Tischmädchen nach dem Tarif Bezahlung der Augenlust fordern. Zehn Minuten Unterhaltung fünfzehn Mark, damit kirren sie und machen stolz. Geschäft bis zur Berechnung des kaltgeilen Wortes, der terminierten Brunst von Auge zu Auge mit den tieferen Versprechungen für höheren Preis. Diese Plattheit wird auch nicht witziger in der sogenannten Gesellschaft, in der sie schamloser noch sich darbietet, bezahlter noch, offener noch durch die erkennbaren Heimlichkeiten. Berlin ist heute eine der ehebrüchigsten Städte der Welt".[26] Nonchalant klingt als Antwort darauf die huldvolle Empfehlung des weltläufig gehaltenen Reiseführers: „Alles begreifen heißt alles verzeihen. Man betrachte die Nacht nicht mit dem Auge des Pharisäers und schnüffelnden Muckers. Sie birgt in ihren Schleiern oft größere Poesie als der Tag. In den tausend Lichtern, die sie zu zaubern weiß, flirrt und flimmert es von Farben und Nuancen, die das Auge des Kenners oder Künstlersinn sehr wohl zu entdecken vermögen."[27]

Es wäre ja zu schön, wenn immer alles verziehen worden wäre, wenn es bei den „feinsinnigen Beobachtern" geblieben wäre, die prickelnde Neugier immerhin noch mit Toleranz verbanden, bevor die braunen Nazischergen mit dem Anderssein ebenso

Café im „Haus Mokka"
am Spittelmarkt,
Emil Leitner, um 1930.

Schluß machten wie mit dem Andersdenken. Die Lokale und Treffpunkte von Homosexuellen, Lesben und Transvestiten wurden als Geheimtips unter den „normalen" Nachtschwärmern gehandelt, die unterwegs waren, um aufreizend Ruchvollem nachzuspüren oder es auch nur als Kulisse für einen Drink zu erleben. Es gab etwa achtzig Schwulenlokale, bei denen es sich meist um einfache Schanklokale ohne besonderen Dekor handelte. Curt Moreck führte in seinem „Führer durch das lasterhafte Berlin" von 1931 das Bürger-Casino – Nähe Spittelmarkt an der Friedrichsgracht – an, die Zentral-Diele in der Stallschreiberstraße, das Café Fritz in der Neuen Grünstraße, das Voo-Do in der Skalitzer Straße und die Adonis-Diele, in der aber auch nichts an den schönen Jüngling der Sage erinnerte. Die von lesbischen Frauen bevorzugten Lokale besaßen weniger Luxus und Pomp als Behaglichkeit und Traulichkeit. Zu ihnen gehörten, laut Moreck, die Hohenzollerndiele in der Bülowstraße, das Café Olala in der Zietenstraße und das Violette im Nationalhof. „(. . .) kleine Angestellte verbringen hier ihre freien Abende, suchen hier Zerstreuung, Unterhaltung, Gemütlichkeit, Liebe", wie der „lasterhafte" (!) Führer vermerkte. Diejenigen, die zwischen beiden Stühlen saßen, trafen sich in den Transvestitenlokalen, die in der Puttkamerstraße lagen, im Mikado oder im Eldorado in der Lutherstraße.

Indes, sollte dies das „lasterhafte" Berlin gewesen sein? Oder jenes, in dem Ehebruch an der Nachtordnung war? Was könnte man in dem Laissez-faire-Gefüge der anonymen Großstadt eigentlich noch als „sündhaft" bezeichnen? „Es war der Nachteil der ihre Grenzen weitenden öffentlichen Moral, daß so vieles heute den berauschenden Glanz der Sündhaftigkeit verloren, das verruchte Parfüm des Lasters eingebüßt hat."[28] Den gerade genannten Gruppen half diese vermeintliche Novellierung von Moral und Sündhaftigkeit nichts, ihnen sollte wenig später der Wind hart ins Gesicht wehen. Auch wollte es damals schon keiner so recht wahrhaben, daß der Preis für das glanzvolle, von bunten Lichtern beglänzte Nachtleben nicht von denen bezahlt wird, die es sich leisten können, sondern von jenen, die sich dafür prostituieren und zu kurz kommen, wenn die Kasse gemacht wird: „Im ‚Roland von Berlin' in der Potsdamer Straße erhalten die Kellner ein monatliches ‚Salair' von 10 Mark, davon müssen sie aber den Gläserbruch bezahlen sowie Strafgelder, welche die Prinzipalin einzieht, ohne daß jemand weiß, was aus dem Gelde wird. – Im Weinrestaurant Trarbach, Behrenstraße, gibt es einen Monatslohn von 15 Mark, jedoch muß jeder Kellner täglich 10 Pfennig für den Gläserspüler, 30 Pfennig für die Benutzung der Livree und ½ Prozent der Einnahme für Bruch bezahlen. Die Arbeitszeit in diesem Restaurant beginnt vormittags um 9 Uhr und endet um 2, auch um 2 ½ Uhr nachts."[29] Im Lindencasino herrschten besonders krasse Zustände: „Auch hier bekommen die Kellner keinen Lohn, sie müssen aber dem Geschäftsinhaber täglich 1,80 Mark bezahlen. Bruch muß außerdem noch durch die Kellner bezahlt werden."[30] Wie hieß es doch in der Anleitung, die dem Leser in „Berlin für Kenner" gegeben wurde: „Aber ‚Berlin für Kenner' ist nicht spröde. Er kennt das Bedürfnis der Fremden, die in Berlin nicht um 10 Uhr schlafen wollen. Er wird den Fremden in alle Stätten führen, auch an die Stätten der Fäulnis."[31] Wie man's eben nimmt.

BUDIKEN, KNEIPEN UND DESTILLEN

Die Stätten der Fäulnis, wo mochten die sein? In den Schwulen- und Lesbenkneipen? In den Ganoventreffs und in den für die Ringvereine reservierten

Das Kranzler-Eck
am Kurfürstendamm, 1935.

Hinterzimmer? In den billigen Animierkneipen? Oder in den Köpfen derer, die das Elend zu kultivieren versuchten und es denjenigen als reizvolles Besichtigungsangebot unterbreiteten, die ihren Sherlock Holmes gelesen hatten? „Deshalb wäre dieses Buch, das jenes Berlin zeigen soll, das nicht in dem offiziellen Reiseführer steht, wahrhaftig unvollkommen, wenn es nicht auch einen Blick in die Berliner Unterwelt gewähren würde, in die Welt der Kaschemmen, in das Whitechapel Berlins."[32]

Nun gut, sollte er sich führen lassen, der auf die Unterwelt Berlins Neugierige. Ihm geschah sicherlich wenig. „Man kann gemütsruhig mit eintreten, es passiert nichts. Aber man stecke seine Legitimationspapiere zurecht, falls die Polizei das Lokal mit einer Razzia bedenkt. Auch das ist Berliner Leben."[33] Man wurde wahrscheinlich kräftig geneppt und zum besten gehalten. Zum Beispiel in den Studentenkrügen oder in den bekannten Bauernschänken, deren älteste 1885 von Max Kaufmann in der Jägerstraße gegründet wurde. Ihr Erfolgsrezept bestand darin, daß sich die gutsituierten Herrschaften zu wohligem Schauer und nach allseits akzeptierter Regel schon mal grob anreden ließen. Die Kellner waren als Knechte verkleidet, um dem Derben Nachdruck zu verleihen, doch ansonsten galt auch unter den „Bauern" das harte Gesetz des Wettbewerbs. Der „grobe Gottlieb" etwa, Wirt einer der bekanntesten Bauernkneipen mit gemimter Grobheit, warnte in Annoncen ausdrücklich vor Etablissements, die vorgaben, ähnlich „originell" zu sein: „neben dem Kgl. Leihhause gelegen, worauf der vielen Nachahmungen wegen genau zu achten ist."

Verlassen wir hier die weich gebetteten Touristen, die sich ein prickelndes Nachterlebnis in dieser Stadt leisteten oder das „dunkle Berlin" als Programmpunkt konsumierten. Denn es gab auch noch das Heer derer, denen die Destille oder Kneipe oder Kaschemme ein Zufluchtsort war oder Wohnstubenersatz oder Lebensraum schlechthin. Es gab Menschen, die ganz einfach eine Kommunikationsmöglichkeit suchten, eine Gelegenheit, gleichgeartete Interessen zu artikulieren und sie zu pflegen, gleich, ob es sich um das Kegeln handelte oder um die sozialpolitischen Ziele der Arbeiter. Und es gab jene, die aus der einen Form der Depression, geprägt durch Wohnungsnot und Armut, in eine andere flüchteten: in den durch billigen Fusel verursachten Rausch.

An der Verbreitung der Schnapsbrennerei war der Staat wegen der anfallenden Steuern nicht unmaßgeblich beteiligt. Da nach dem Gesetz jeder unbescholtene Bürger eine Branntweintaverne eröffnen konnte, verwundert die rasant steigende Zahl der Destillen nicht. In ihnen wurden auch Biere ausgeschenkt, wobei zunächst das auf der Flasche vergorene, obergärige „Weitzen-Bier" ganz offensichtlich dominierte, dessen wesentlicher Bestandteil das Weizenmalz ist. Man konnte es auch in den Weißbierstuben genießen, die sich vor allem in der Friedrichstadt konzentrierten und von denen einige auf eine lange Tradition zurückblicken konnten. Namen wie Landré, Clausing, Päpke oder Haase als Erzeuger berühmter Weißbiere sind kein Begriff mehr, von den alten Orten, an denen man sie getrunken hatte, finden sich allenfalls spärliche Zeugnisse oder gemütvoll-nostalgische Rekonstruktionen wie zum Beispiel vom Nußbaum. Nach seiner Bombardierung im Zweiten Weltkrieg baute man das Lokal mehrere hundert Meter von der alten Stelle wieder auf. Erstand der Nußbaum damit wieder? Lebte mit ihm die Zeit wieder auf, die Zille durch sein zeichnerisches und photographsches Werk nicht nur dokumentierte, sondern auch kritisch betrachtete? In diesem Fall kann man wohl froh sein, daß sich die Nostalgie mit der äußeren Rekonstruktion der Häuser im Nikolaiviertel zufriedengibt. Denn das engverwinkelte Altstadtviertel war alles andere als romantisch. „‚Kuchenhaus‘ nennen es die Gäste der Gastwirtschaft ‚Zum Nußbaum‘. Wer fand Süßigkeit? Die der Nußbaum festhielt, verkamen in Bitternis, Krankheit und Elend.“[34]

Im Jahr 1905 gab es einer Statistik zufolge 9341 Bierrestaurants in Berlin, und zwar „831 für die oberen, 8510 für die unteren Klassen.“[35] Von 1875 bis 1895 stieg der Bierabsatz von 1 888 457 auf 3 916 248 Hektoliter. Doch die Berichte und die offiziellen Zahlen über die Absatzentwicklung beim Alkohol besagten eher wenig. Tranken die Menschen mehr? Ist der Anstieg des Bierausstoßes dadurch zu erklären, daß die Einwohnerzahl Berlins um mehrere hunderttausend wuchs? Oder sollte folgende Aussage eher zutreffen: „Für den Alkoholverbrauch des Berliners fällt ferner ins Gewicht, daß er ja nicht nur die Lokale im engeren Weichgebilde der Stadt frequentiert, sondern auch die der angrenzenden Vorstädte (. . .).“[36]

INS JRÜNE

Das hektische Leben der Großstadt mochte ja durchs Jahr hindurch seine vielfältigen Reize auf die Fremden ebenso ausüben wie auf die vergnügungssüchtigen Einheimischen – im Sommer jedoch dominierte bei den Berlinern der „Zug ins Grüne“, der eine lange Tradition besaß. Nur die Reichweite der Ausflüge vergrößerte sich mit der Zeit immer mehr. Es fing bescheiden an für den Berliner Bürger: „Er spazierte Sonntags zu den ‚Zelten‘ hinaus oder nach Charlottenburg, denn der Grunewald lag damals noch fern und war schwer zu erreichen.“[37] Vor

dem Aufkommen der modernen Massen- und Nahverkehrsmittel war es der Tiergarten, der sich zum eigentlichen Tummelplatz des Berliner Freizeitvergnügens entwickelte. Verständlich, wenn man bedenkt, daß ein Wagenausflug in den Grunewald, den sich ohnehin nicht jeder leisten konnte, auf den Sandwegen schon mal einige Stunden allein für die Hinfahrt in Anspruch nahm. Nichtsdestoweniger sind die Namen der ehemals am Tiergarten gelegenen Ausflugslokale längst Legende, sind ihre Orte nach den verschiedenen Umgestaltungen des Parks und der immer weiter fortschreitenden Bebauung des angrenzenden Geländes von den Stadtplänen verschwunden. An den Hofjäger erinnert noch der Name einer vom Großen Stern abzweigenden Straße, ebenso wie an die ehemals so beliebten „Zelte“, „jene merkwürdige Ansammlung von Lokalitäten, die am Ufer der Spree ein vom Verkehr verschontes Dasein führt. Da ist plötzlich Licht, Musik und Betrieb, um die Kaffeehausgärten noch mehr als an den Tischen in ihnen. (. . .) Eine Dame, ein Herr, eine Dame, ein Herr, so zieht man ein durch die Pforte von Zelt eins, so nimmt man Platz an einem der Tische, so bestellt man Bier und Kaffee, so hört man die Militärmusik und so geht man wieder hinaus in den Tiergarten. Zwei leere Bänke werden schon noch irgendwo zu haben sein.“[38]

Teichmanns Blumengarten in der Tiergartenstraße kann heute niemandem mehr ein Begriff sein, genausowenig wie die Maukertsche Konditorei, der Albrechtshof oder der Moritzhof. Immerhin, letzterer ist 1862 auf einem Gemälde von Adolf von Menzel verewigt worden. Und in den Erinnerungen von Agathe Nalli-Ruthenberg heißt es: „Am hübschesten von all diesen Gärten war indessen Moritzhof. Dort gab es eine Menge von Lauben, schattigen Bäumen und frischen Rasenplätzen. Die Berliner Damen, die zu jener Zeit lange nicht so viel zu tun hatten wie

Die Bar im Hotel
„Majestic", um 1935.

heute, pflegten an schönen Sommernachmittagen gleich nach Tisch dort hinauszuwandern und mit einer Handarbeit versehen, die bei geselligen Vereinigungen niemals fehlen durfte, gemütlich ihren Kaffee einzunehmen. Am Abend aß man dann aus Glassatten vorzüglich saure Milch – auch dicke Milch genannt – mit geriebenem Schwarzbrot und Streuzucker darüber. Dieses Gericht war eine Spezialität von Moritzhof."[39] Es nimmt nicht wunder, wenn die Berliner bei diesen Spezialitäten zunächst noch unter sich blieben. Auch die Männer beschieden sich: „Der eine sitzt bei seinem Glase Weißbier, dem beliebtesten Getränk, das der Berliner kennt und auf dessen Güte er nicht geringe Vorzüge seiner Vaterstadt gründet. (. . .) Der andere, der schon höher hinaus will und dem das allgemein Gebräuchliche abgeschmackt erscheint, hat irgend eins der fremden Biere, die sich in den letzten Jahren in Berlin außerordentlich vermehrt haben, vor sich stehen, trinkt oder nippt vielmehr aus einem kleinen Glase, raucht einen Zigarro (. . .)."[40]

Mochten die Ausflügler beim Bier auch unterschiedlicher Meinung sein, die Musik in den Bier- und Kaffeegärten zog sie alle gleichermaßen in den Bann. Im Hofjäger, einem Ausfluglokal mit großem Garten, lauschten bis zu viertausend Gäste den Klängen der Kapelle, die die allseits beliebten und bekannten Musikstücke spielte: „Konzerte dieser Art, die man eigentlich nur Unterhaltungsmusik nennen kann, führen gewöhnlich die Musikchöre der in Berlin in Garnison stehenden Regimenter auf, welche von tüchtigen Direktoren geleitet, oft auch sehr Tüchtiges leisten. Der geringe Eintrittspreis, der sich großenteils nur auf wenige Groschen erstreckt, läßt diese Vergnügungen sehr viele Teilnehmer aus allen Ständen der Bewohner Berlins finden."[41]
Wenn diese Aufführungsorte auch nach und nach

verschwanden, so starb die Begeisterung für Musik und Schwoof damit längst nicht aus. In den nahegelegenen Zelten – seit den achtziger Jahren zu riesigen, festen Biersälen umgewandelt – spielten die Kapellen ebenso auf wie in der Kroll-Oper. Der Mitte des 19. Jahrhunderts eröffnete Zoo wurde Schauplatz von Sonntagskonzerten, zu denen sich Tausende von Menschen in den Gärten des Zoo-Restaurants und in der sogenannten Lästerallee drängten. Wer es etwas ruhiger haben wollte, mietete sich im Tiergarten ein Ruderboot und erholte sich dann von den Anstrengungen in den kleinen strohgedeckten Gebäuden des Restaurants am Neuen See. Natürlich war der Tiergarten nicht das einzige Ausflugsziel. Außer Charlottenburg und Westend lockten Rummelsburg, Stralau und Treptow an der Oberspree, im Norden Weissensee, Pankow, Schönhausen und Reinickendorf, im Süden Tempelhof und Rixdorf, im Westen die Havel mit lohnenden Zielen in Tegel, in Schildhorn und im ausgedehnten Grunewald. Zu den genannten Orten konnte man mit organisierten Kremserfahrten, mit der Pferdebahn, mit elektrischen Bahnen, Dampfstraßenbahnen oder Eisenbahnen gelangen. Die modernen Nahverkehrsmittel vernetzten Berlin allmählich immer enger mit seinen benachbarten Dörfern und Städten, erschlossen auch die entfernteren Ausflugsziele. Potsdam, Werder, Grünau, Erkner oder der romantische Brieselang bei Finkenkrug waren an den freien Sonntagen leicht erreichbar.

Die verschiedenen Ausgaben der Reiseführer jener Zeiten über „Berlin und Umgebung" dokumentieren, wie sich der Radius für die vorgeschlagenen Tagestouren beständig vergrößerte, wie in Verbindung mit den entstehenden Strecken von Stadt- und Wannseebahn und den immer mehr ins Land hinausreichenden S-Bahnlinien auch die weitere Umgebung als

Die historischen Weinstuben
„Lutter & Wegner", 1946.

schier notwendiges Erholungsgebiet von dem Moloch Berlin vereinnahmt wurde. Nach dem ersten Weltkrieg sind die Anfahrten mit der Bahn nach Spandau und Grünau, nach Tegel, Bernau und Erkner, nach Strausberg und Buckow kein Problem mehr, ebensowenig die Ausflüge nach Rheinsberg, Bad Freienwalde oder in den verträumten Spreewald. Die Moderne tritt dann in den Reiseführern der dreißiger Jahre noch entschiedener auf den Plan, als neben den gewohnten Verkehrslinien des Berliner Großraums das Auto als Transportmittel immer häufiger Erwähnung findet. Die Vorschläge für Rundfahrten lassen im Stolz auf die Fortschrittlichkeit der gerade entstandenen Autobahnen die Welt kleiner werden, Angaben für Tagesausflüge von mehr als 350 Kilometern sind keine Seltenheit. Rückblickend erscheint es als Ironie der historischen Entwicklung, daß ausgerechnet in Berlin der allenthalben zur Gewohnheit gewordene Exodus der Großstadtbewohner in die fernere Umgebung zwangsläufig unterbleiben mußte. Müggelsee, Templin und Finkenkrug wurden für die Westberliner ebenso zu böhmischen Dörfern, wie den Bewohnern der DDR-Hauptstadt der weiße Strand des Wannsees. Dies mag nach den Veränderungen seit dem November 1989 bald der Vergangenheit angehören.

Die Dampferfahrt mit frei zu wählenden Zielen in der Umgebung der Stadt, vor dem Krieg allen Berlinern eine Selbstverständlichkeit, wird in absehbarer Zeit wieder zur Attraktion für Besucher aus Ost und West sein. Vielleicht wird – wie früher – die Anlegestelle an der Jannowitzbrücke an schönen Sommertagen zum lebhaft schlagenden Herz der Stadt. Hier legten die vollbesetzten Ausflugsdampfer ab, um noch die entferntesten Punkte an den Ufern von Oberspree und Müggelsee mit durstigen Ausflüg-

lern zu „versorgen". Dort lockten die Abtei, der Zenner und das Eierhäuschen, die schattigen Lokale in Grünau, die Forsthäuser und Aussichtstürme in den Müggelbergen. Nicht minder anziehend waren die Ziele im Westen, wo Tegel und Tegelort, Spandau und Pichelswerder ab der Weidendammer Brücke von den emsigen Dampfern der Kreis- und Stern-Schiffahrt angelaufen wurden. 1905 waren es 44 Dampfschiffe und sechs Motorboote, die jährlich rund anderthalb Millionen Menschen beförderten. Am Wannsee warteten die großen Ausflugslokale am Schildhorn und auf Lindwerder, an der Pfaueninsel und am Forsthaus Moorlake, lockten der Grunewaldturm und das Schloß Glienicke. Überall gab es Kaffeegärten. In vielen war aus einer alten Tradition heraus das Brühen von selbst mitgebrachtem Kaffee noch erlaubt. Auf zahlreichen Tischen prangten die offenen Schachteln mit Selbstgebackenem. Es waren jeweils Tausende, die in diesen Lokalen Platz fanden, um beim Weißbier mit Schuß zumindest der Musike zu lauschen, wenn man es nicht vorzog, selber das Tanzbein zu schwingen. Kaum einer hat das flirrende Ausflugstreiben in Berliner Sommertagen so zeitlos wie spürbar beschrieben wie Georg Hermann 1910 in seinen Roman „Emil Kubinke": „Dann jedoch wurde es licht am Ende der Feststraße, wie von einer unerhörten Helligkeit. Noch traten zwar die Bäume nicht auseinander, noch rückten sie in neuen, grünen Scharen Emil Kubinke und seiner Begleiterin entgegen; und doch spürten sie es, daß dahinter, weit unten, sich besonnte Wasserflächen dehnten, denn gleichsam aus den Tiefen stieg nun das Licht empor. Dann wurde plötzlich wieder alles bunt und hell von Menschen und flirrend von Staub; die Autos fauchten in weitem Bogen auf schräger Straße bergan, und die Breaks und Kremser rückten Schritt für Schritt vor, während die ratternden Omnibusse sich mit ihren wuchtigen Leibern an ihnen vorbeischoben. In unbegrenzte Fernen wanderte der befreite Blick; in breiten, blauen Leinentüchern lag das Wasser da unten zwischen den dunklen Waldufern; und aufgerauht war es von den langen, flackernden Kielstreifen der Dampfer, die weiß und breit wie Schwäne waren. (. . .) Und dann saßen sie ganz glücklich und sahen immer über die Kaffeetassen fort aufs Wasser, auf die kleinen Boote, die da fuhren, und die Dampfer, die die Boote schaukeln machten, daß die Frauen kreischten. Und an einer langen Tischreihe saß mit Papiermützen der Verein der ‚Bettschoner‘, der seinen diesjährigen Ausflug mit Damen machte. Und Emma Brenecke kam mit Gerichtsschreiber Adumeit, rot wie Klatschmohn, und ihre Frisur war sehr in Unordnung geraten, trotzdem nun wirklich heute kein Segelwind ging. Eine dicke Frau aber fragte alle, ob sie nicht um Himmels willen einen kleinen Jungen im Matrosenanzug gesehen hätten."[42]

Wer die Mühe eines längeren Ausfluges scheute, zog sich entweder in seinen Schrebergarten zurück – so er einen hatte –, oder er suchte die noch im Stadtbereich gelegenen Biergärten auf, die den großen Brauereien angeschlossen waren. Da gab es Bötzow am Prenzlauer Berg, Patzenhofer in der Landsberger Allee, Pfefferberg und Königsstadt in der Schönhauser Allee im Norden. Im Süden war die ganze Hasenheide ein Biergarten; die bekanntesten Etablissements waren die der Happoldtschen Brauerei, der Berliner Unions-Brauerei und der Bergschloß-Brauerei, zu der die berühmte Neue Welt gehörte. Auch in Schöneberg gab es eine ganze Reihe großer Biergärten. Einer der bekanntesten war der des Schwarzen Adler zwischen der (heutigen) Akazien-, Merseburger und Hauptstraße. Er wurde jedoch schon 1893 für den Bau von dreißig Mietskasernen parzelliert. Der Garten der Schöneberger Schloßbrauerei hingegen blieb länger bestehen. Das dortige

Etablissement war später als Jagdschlößchen und dann unter dem Namen Prälat noch ein Begriff, bis es 1986 endgültig geschlossen wurde. In Wilmersdorf erlangte Schramm's Seebad Berühmtheit. 1879 hatte nämlich Otto Schramm einen Morgen Land am Wilmersdorfer See gekauft und am Ufer eine kleine Badeanstalt mit einem bescheidenen Ausschank eingerichtet. Dorthin kamen die Bewohner des damals noch ländlichen Bezirks und saßen beim Bier an langen Tischen auf einfachen Bänken ohne Lehne. Die Anbindung der Vorstadt an Berlin durch die neuen Verkehrsmittel brachte auch hier den großen Aufschwung. Die Badeanstalt florierte, und die Restauration lockte mit Musik und Tanz. Kurze Zeit darauf entstand mit dem Seeschlößchen und dem Herzsprung (später Victoria-Garten) eine gewisse Konkurrenz, doch fand die ganze Herrlichkeit mit dem Ausbruch des Ersten Weltkrieges ein für allemal ein Ende. Der See wurde 1915 zugeschüttet.

Es gäbe hier Hunderte von Namen aufzuzählen, die den Berlinern jeweils eine kleine Welt bedeutet haben, die ihnen als Ausflugsziel lohnender und reizvoller schienen als die exotischsten Gaukeleien. Viele der genannten Orte fielen den Zeitläuften zum Opfer oder erlebten Veränderungen. Immerhin entging eine beachtliche Zahl dem Feuersturm der Bombennächte im Zweiten Weltkrieg, weil Grunewald und Müggelberge keine lohnenswerten Ziele für die Bomberpiloten waren. Das Nachkriegsschicksal der Ausflugslokale gestaltete sich unterschiedlich. Waren sie in dem in seinem Auslauf beschränkten Westen an schönen Tagen meist überfüllt, versanken viele im Osten der Stadt in eine Art Dornröschenschlaf. Veränderte Betriebsformen und das ausbleibende Publikum aus den zwölf westlichen Bezirken führten hier zu einer starken Reduzierung der Angebote. An einem schönen Sommertag in den achtziger Jahren war der ehemals weitläufige Kaffeegarten von Marienlust an der Spree nur spärlich besetzt. Einzeln herumstehende Pavillons und Reste von Terrassenanlagen ließen die frühere Dimension ahnen. Von Kellner-Heerscharen keine Spur, nur ein Fenster im Seitenflügel des Lokals war halb geöffnet. Hier konnte man sich seinen Kaffee und einen künstlich schmeckenden Kuchen selbst abholen.

Die Öffnung der Grenzen wird Veränderungen bewirken und dem Gast verlorenes Terrain hier wie dort wieder neu erschließen. Dazu zählt sicher auch der Dampferausflug im Mai nach Werder bei Potsdam, wie ihn Hardy Worm in den zwanziger Jahren unübertrefflich beschrieb:

„BAUMBLÜTENZAUBER

An de Litfaßsäule steht's jleich übern Raubmord plakatiert:
,Blütenpracht in Werder. Plätze werden reserviert.'
Blick nach oben, wie'n Prophete. Knorke.
Prima blaue Himmelslorke.
Sonne troppt een ins Jenicke.
Also los: man schnappt sich eene Muckepicke
Und fährt weg.
Mark eensfuffzich kost der Schreck.

Feste knautscht die Blasmusike neue Schlager nach Tarif;
Wacker drischt man Skat zu vieren im Kajütenmief.
Will dir Jott die rechte Junst erweisen,
Quetscht er dir durch dreizehn Schleusen
Wie durch eene Wurstmaschine.
Hältst de erst in Potsdam, machst de kesse Miene
Und bist froh
Wie der Mops im Paletot.

Bald merkst de, daß dis annonzierte Blietenwunder naht. –
Menschen, nichts als Menschen, injepreßt in Sonntagsstaat.
Stiefeln puppenlustich wie de Flöhe
Ruff zur Kneipe ,Bismarckhöhe'.
Und zu Schweiß- und anderen Fießen
Sieht man still und leise unsere Havel fließen.
Poesie
Mit zwee Stunden Jarantie.

Harfst du in dein Vollbart eene rauhe Seemannsmelodei,
Sejeln kesse Beeren wie Frejatten schnell herbei,
Die bei dir, Mensch, fette Ladung wittern.
Stillhalten. Bloß nich zittern,
Wenn dir mal een Meechen entert.
Pökelrippen sind die Klippen, wo er kentert,
Der Matros',
Is er von Valencia los.

Obstweinselich wankst de heimwärts, Blietenträume sind zerplatzt.
Um den Hals det Band mit Fruchtweinflaschen,
Souvenirs in alle Hosentaschen,
Landest du im sichern Hafen
Deiner Ehe, wo nich sünjen, die da schlafen.
Und ooch du
Sinkst in wohlverdiente Ruh."[43]

## Was blieb

Der in diesem Buch abgesteckte Zeitraum endet mit den letzten Jahren vor dem Zweiten Weltkrieg. Von den Möglichkeiten, sich heute dorthin zu begeben, wo auch das alte Berlin zu Gast war, bleiben verschwindend wenige. Als Erklärung reicht der Blick auf eine Karte der Stadt, auf der die Gebäudeverluste durch Kriegseinwirkungen vermerkt sind: tabula rasa in ganzen Häuserblocks, Stadtvierteln, Stadtteilen. Der Potsdamer Platz, ehemals pulsierende Drehscheibe weltstädtischen Lebens, versank durch die Grenzziehung für vier Jahrzehnte in Ödnis und Friedhofsstille. Ebenso wurde die Friedrichstraße zerschnitten. Kurfürstendamm und Unter den Linden konkurrierten zwar miteinander wie früher, aber nun im kalten Wettstreit der Vorzeigeboulevards von zwei getrennten Stadteinheiten. Das Erbe an traditionsreichen Stätten gastronomischer Kultur war hüben wie drüben mager. Von den berühmten Restaurants des Vorkriegs-Berlin war eigentlich nur das Schlichter übrig geblieben, zu dessen Kundschaft die Rastelli und Grock, George Grosz, Ernst Lubitsch, Josef von Sternberg, Bert Brecht und Kurt Weill gehört hatten. Es lag schräg gegenüber der alten Scala, schloß aber 1969 auch seine Pforten für immer.

Machen wir uns nichts vor. Die gediegenen, komfortablen Absteigen mit Suiten und Tables d'hôte aus der Zeit vor der Jahrhundertwende mußten ebenso den aufkommenden industrialisierten Großhotels weichen wie nach dem Ersten Weltkrieg die großen Bierpaläste den vielfältig sich verzweigenden, ständig den Appetit auf neue Sensationen stillenden Vergnügungszentren. Es sei des schrecklichen Endes vieler der hier abgebildeten Orte unter den alles einebnenden Bombenteppichen aufrichtig gedacht. Die in ihrer ständigen Wiederholung zermürbenden Floskeln: „im Zweiten Weltkrieg zerstört", „sank in Schutt und Asche", „in Trümmer" prägen dieses Kapitel Stadtgeschichte nachhaltig. Auf der anderen Seite gibt es natürlich keine Gewähr dafür, daß ohne diese Entwicklung noch ein respektabler Prozentsatz der aufgeführten Plätze in alter Form bestünde. Aufgekauft oder aufgegeben, verändert, wegsaniert, entkernt, umgewandelt, einer Konzernkette angegliedert: Viele Spielarten gibt es – es gab sie immer –, mit alter ebenso wie neuer Substanz umzugehen. Aber die Charakterisierung der Gastronomie unserer Tage ist nicht Gegenstand dieses Buches: Über sie mag sich jeder Zeitgenosse vor Ort seine Meinung bilden und seine eigene Vorlieben pflegen. Vielleicht könnte dazu auch das Aufspüren dessen gehören, was aus vergangener Zeit herüberreicht, egal ob noch intakt oder nurmehr als Fragment. Da sind die verwilderten Terrassen und vereinsamten Schenken der Ausflugsgaststätte Marienlust an der Spree, die immer noch guten Bratkartoffeln im Großbeerenkeller nahe dem Hebbel-Theater in der Stresemannstraße, die Legenden an den Wänden vom Diener am Tattersall nahe dem Savignyplatz, da wartet Leydicke in Schöneberg, da ist . . . Niemandem ist eine Grenze gesetzt, selbst dem Gestern nachzuforschen und die Freuden des gastlichen Berlin im Heute zu genießen.

Zitathinweise
(Die Autorenangabe mit Erscheinungsjahr bezieht sich auf das Literaturverzeichnis)

1 Isidor Kastan, 1919, S. 87
2 Ebenda, S. 78
3 Theodor Fontane, 1894, S. 16
4 Max Creutz, in: Berliner Architekturwelt, 1906
5 Maximilian Rapsilber: Hotel Adlon. Berlin 1907. Zitiert nach Dieter und Ruth Glatzer, 1986, Bd. 2, S. 167
6 Bodo-Michael Baumunk, 1987, S. 205
7 Max Creutz, a. a. O.
8 Ernst Dronke, 1987, S. 39
9 Karl Scheffler, 1989, S. 111
10 Bogdan Krieger, 1923, S. 215
11 Ebenda
12 Dronke, a. a. O., S. 42
13 Berlin und die Berliner, in: Wolfgang Gottschalk, 1987, S. 79
14 Theodor Fontane: Die Poggenpuhls, in: Bd. III, 1985, S. 40
15 Hardy Worm, in: Wolfgang Gottschalk, 1987, S. 92
16 Max Krell: Das alles gab es einmal. Frankfurt/M. 1961. Zitiert nach Glatzer, a. a. O., Bd. 1, S. 469
17 Hardy Worm, 1981, S. 52
18 F. T. Marinetti, in: Innendekoration 1925
19 Berlin für Kenner, 1912, S. 68
20 Franz Hessel, 1984, S. 57
21 Ebenda, S. 245
22 Curt Moreck, 1986
23 Georg Hermann, 1987, S. 127
24 Ebenda
25 Edmund Edel: Berlins leichte Kunst. Zitiert nach Glatzer, a. a. O., Bd. 2, S. 357
26 Alfons Goldschmidt: Deutschland heute. Berlin 1928. Zitiert nach Klaus Strohmeyer, 1987, Bd. 1, S. 259
27 Berlin für Kenner, a. a. O., S. 158
28 Moreck, a. a. O., S. 133
29 Glatzer, a. a. O., Bd. 2, S. 259
30 Vorwärts, 26. 3. 1905, zitiert nach Glatzer, a. a. O., Bd. 1, S. 259
31 Berlin für Kenner, a. a. O., S. 14f.
32 Eugen Szatmari, 1927, S. 156
33 Berlin für Kenner, a. a. O., S. 14
34 Heinrich Zille: Hofkonzert im Hinterhaus. München 1976, S. 59
35 Magnus Hirschfeld, o. J., S. 12
36 Ebenda, S. 15
37 Scheffler, a. a. O., S. 109
38 Szatmari, a. a. O., S. 215
39 zitiert nach Krieger, a. a. O., S. 344
40 Krieger, a. a. O., S. 341
41 Ebenda
42 Hermann, a. a. O., S. 177
43 Hardy Worm, a. a. O., S. 60

Der Abdruck von Hardy Worms Gedicht „Blütenzauber" auf Seite 43 erfolgte mit der freundlichen Genehmigung des Verlags Klaus Guhl Berlin.

# ALT-BERLIN

# RUPPINER HOF

SPANDAUER STRASSE 79

Rückansicht des
Ruppiner Hofs,
F. A. Schwartz, 1880.

Der „Parkplatz" im Hof des Gasthauses. Neben solchen Gasthöfen für Durchreisende gab es noch die sogenannten „Ausspannungen", in denen Händler ihre Frachtwagen unterstellten, um in der Stadt ihren Geschäften nachzugehen. Den Ausspannungen waren jeweils Gastwirtschaften mit Logismöglichkeiten an-geschlossen. Von dem Hotelkomfort späterer Häuser in der just zu dieser Zeit aufstrebenden Stadt konnte allerdings hier keine Rede sein. Der Ruppiner Hof, ein typischer alter Berliner Gasthof, war noch bis in die achtziger Jahre Abgangsstation der Personen-omnibusse in die Region.

# HAMMELKOPF

## AM WEIDENDAMM

Die Restauration
Hammelkopf in einer
Aufnahme von
F. A. Schwartz, 1888.

Städtische Flußuferromantik einer vergangenen Zeit?
Mitnichten. Die uns heute eher beschaulich an-
mutende Gastwirtschaft von H. Uhlmann am
Weidengraben gehörte zu den unzähligen Kneipen,
in denen die ärmeren der „kleinen Leute" ihr bißchen
Geld in billigen Fusel umsetzen konnten. Der
Graben wurde später zugeschüttet und die Häuser
abgerissen.

# PRENZLAUER BERG SCHLÖSSCHEN
## PRENZLAUER STRASSE

Die Restauration
Prenzlauer Berg,
F. A. Schwartz, 1888.

Eine typische Vorstadtkneipe wie viele andere war
die hier abgebildete namens „Prenzlauer Berg" von
Otto Maurer. Die Form des gekröpften Walmdaches
und die Nähe der großen Friedhöfe gaben ihr im
Volksmund den Namen „Zum Sargdeckel".

# BIER- UND FRÜHSTÜCK-LOKAL W. THIELE

## AM SCHLESISCHEN TOR

Schlesisches Torhäuschen,
F. A. Schwartz, 1882.

Etwas verloren steht das Häuschen, das zur früheren
Toranlage in der Stadtmauer gehörte, vor den heran-
drängenden neuen Wohnbauten und Fabrikanlagen.
Im wahrsten Sinne „Treffpunkt" zwischen Wohn- und
Arbeitswelten, diente das Torhaus noch eine Zeit
lang als Arbeiterkneipe. Die Photographie dokumentiert eindrucksvoll die rapide Stadtveränderung.

# DESTILLATION FRANZ MÜLLER

### LINDEN- / ECKE FEILNERSTRASSE

Destillation Franz Müller,
F. A. Schwartz, um 1888.

Wohl viele Menschen verbanden mit dem Besuch der
Destille oder Destillations-Anstalt die Illusion, dort
„reine" Gegenmittel zu erhalten, um den Unmut über
soziale Unzulänglichkeiten zu bekämpfen. „Ächter
Rum", Arak und „Liqueure" konnten infolge der im
achtzehnten Jahrhundert in Preußen erweiterten
Branntweingerechtigkeit von nahezu jedem her-
gestellt werden. Kneipen wie diese gaben oft den
Rahmen für Zilles „Milljöh".

# Destillation Ernst Mitzlaff
## Weydinger Strasse 10 / Ecke Hirtenstrasse

Destillation Ernst Mitzlaff,
F. A. Schwartz, um 1885.

Die Aufnahme von Friedrich Albert Schwartz vermittelt ein für uns heute wertvolles Stimmungsbild aus dem ehemaligen Berliner Scheunenviertel, das sich östlich an den Alexanderplatz anschloß – bis zu seiner „Sanierung" durch Errichtung von Mietskasernen . Diese Gegend lieferte später den Hintergrund für Döblins Roman „Berlin-Alexanderplatz". Hier schimmerte das Berliner Leben in seinen dunklen Farben: Armut, Prostitution und Verbrechen.

53

# BREMER HÖHE
## SCHÖNHAUSER STRASSE 58b

Grün im Grau:
der „Caffe-Garten Bremer
Höhe", um 1890.

Die am linken Bildrand sich abzeichnende Brand-
mauer eines Wohnblocks deutet an, daß die Grundstücke in den Vororten der ausufernden Stadt immer
häufiger auf profitablere Weise genutzt wurden. Viele
ländlich anmutende Ausflugslokale, wie das hier abgebildete, mußten einer anschließenden Bebauung
der Grundstücke mit Mietshäusern weichen.

# KUHSTALL
## INNSBRUCKER STRASSE 110

Ländlich anmutende
Scheinidylle:
Der Kuhstall, um 1890.

Wie ein letztes Refugium ländlicher Beschaulichkeit präsentiert sich in Schöneberg stolz ein geducktes Haus mit seinem Krüppelwalmdach und dem großen Kastanienbaum im Garten: das Restaurant Zum Kuhstall. Doch die rechts und links in unmittelbarer Nachbarschaft aufragenden Brandmauern der Wohnblocks lassen das Schicksal auch dieses Grundstückes erahnen. Zur Baulücke geworden, wurde es wenige Jahre nach der Aufnahme ebenfalls mit einer trostlosen Mietskaserne bebaut.

# RESTAURATION MARGGRAFF
## PERLEBERGER STRASSE / ECKE STROMSTRASSE

Anonyme Aufnahme von der Restauration Marggraff, um 1900.

Die häufig mit der anspruchsvoll klingenden Bezeichnung „Restauration" versehenen Bierkneipen waren meist nur kleine Schankläden mit einfachster Einrichtung. Oft gab es Hinterzimmer, die Vereinszwecken dienten oder zu politischen Versammlungen von Arbeitern, die in der Kneipe als einzigem „Hort der Freiheit" einigermaßen unbehelligt zusammenkommen konnten. So schrieb der Sozialdemokrat

Karl Kautsky 1891 sarkastisch: „(. . .) daß unter den heutigen Verhältnissen (nach dem Sozialistengesetz, d. Verf.) das Wirtshaus das einzige Lokal ist, in dem die niederen Volksklassen frei zusammenkommen und ihre gemeinsamen Angelegenheiten frei besprechen können. Ohne Wirtshaus gibt es für den deutschen Proletarier nicht bloß kein geselliges, sondern auch kein politisches Leben."

# BADING'S RESTAURANT
## REUTERSTRASSE / ECKE KAISER FRIEDRICHSTRASSE (SPÄTER SONNENALLEE)

Bading's Restaurant
in Neukölln, F. A. Schwartz,
um 1895.

Photographentermin und Bieranlieferung sorgten hier gleichermaßen für die Abwechslung von Passanten und Kneipenpublikum. Der Brauereisektor geriet zwischen 1871 und 1873 in Bewegung. Die Industrialisierung des Brauwesens und der Einfluß des Großkapitals führten zur Konzentration der ehemals zahlreichen Betriebe bei gleichzeitiger Kapazitätsausweitung. Obwohl viele der kleinen Familienunternehmen und mittelständischen Betriebe unter dem wachsenden Konkurrenzdruck schließen mußten, stieg der Bierabsatz von rund 1,9 Millionen Hektolitern im Jahr 1875 auf fünf Millionen Hektoliter, die um 1900 von 108 Brauereien im Berliner Raum ausgestoßen wurden. Bis 1919 sank die Zahl Berliner Brauereien infolge weiterer Konzentrationen auf weniger als ein Viertel.

# DESTILLATION, SPÄTER BÖTZOW-AUSSCHANK

## WILHELMSTRASSE 106 / ECKE ANHALTSTRASSE

Alte Destillation,
vor 1890.

Bötzow-Ausschank
an derselben Stelle,
um 1900 (unten).

So hätte sie also auch aussehen können, die Berliner Eckkneipenlösung. Angesichts des später vertrauten Bildes ebenso wie der sich rechts und links heranschiebenden vierstöckigen Mietshäuser wirkt das Haus mit seiner Giebelfront seltsam „deplacirt". Beide Aufnahmen im Vergleich dokumentieren den Übergang von den Destillationen mit ihren namenlosen Hinweisen auf die im Ausschank angebotenen Getränke zur Kneipe als deutlich erkennbare Brauereidomäne. Die Großbrauereien, hier die Bötzow-Brauerei, waren meist Eigner der Kneipen.

# DESTILLATION OSKAR KAYSER
BÜSCHINGSTRASSE 5

In der Restauration
Otto Kayser, um 1900.

Selbstbewußt stellen sich der Wirt und sein Abendpublikum bei dunklem Bier und Weißbierkelchen dem Photographen. Die Aufnahmen solcher Kneipengesellschaften dokumentieren, daß sich damals ein Gutteil des geselligen Lebens in der Kneipe abspielte. Selbst Untersuchungen wie „Alkohol – ein Symptom der Verelendung" (1900) konstatierten, daß nicht immer Alkoholismus Triebfeder war, sondern auch ein „edles, ein gutes Motiv, nämlich der Hang zur Geselligkeit, zur Gemütlichkeit. (. . .) Der Arbeiter hat dasselbe Recht und dasselbe Bedürfnis wie jeder andere, mit seinen Freunden zusammenzukommen (. . .). Dazu stehen ihm aber unter den heutigen Verhältnissen keine anderen Räume zur Verfügung als solche, in denen er gezwungen wird, alkoholische Getränke zu genießen (. . .)."

# DESTILLATION
## NIKOLAIKIRCHGASSE / ECKE SPANDAUER STRASSE

Zwei Eckkneipen an
der Einmündung der
Nikolaikirchgasse in die
Spandauer Straße,
F. A. Schwartz, um 1885.

Man könnte meinen, allein schon angesichts der Häufung und engen Nachbarschaft von Destillen in den Straßen und an den Ecken hatte Adolf Glasbrenners tiefsinnige Beobachtung hohen Wahrheitsgehalt: „Egal, wo der Berlina mit eenem Ooge hinkiekt – mit's andre kiekta in die Destille." Jedoch verweist die hohe Kneipendichte auf den großen Alkoholkonsum als Fluchthelfer insbesondere derjenigen Bevölkerungsschichten, die mit Armut und schlechten Wohnverhältnissen zu kämpfen hatten.

# Destillation

## Waisenstrasse

Unbekannte Restauration
in der Waisenstraße,
F. A. Schwartz, um 1890.

Der Blick in die Waisenstraße von der Stralauer Straße aus zeigt einen beschaulichen Winkel im Zentrum der Kaiserstadt Berlin, die nur wenig davon entfernt mit hektischem Leben erfüllt war. Wegen ihrer Enge blieb die schmale Straße vom groß-städtischen Verkehr ausgeschlossen; die Abschirmung an diesem Ort hatte Tradition, wurde doch die Rück-front der Häuser an der rechten Straßenseite von der alten, aus dem 13. Jahrhundert stammenden Stadt-mauer gebildet.

# DESTILLE A. WENDT / BIER-HAUS G. PETERMANN

WALLSTRASSE

„Weiss & Bair. Bier Local Wendt" und das „Bier-Haus G. Petermann", 1889.

An Destillen wie den hier abgebildeten verzeichnete Berlin in den Jahren 1900 bemerkenswerte Zuwachsraten, wie der bekannte Sozialforscher Magnus Hirschfeld 1906 in seiner Untersuchung „Die Gurgel Berlins" feststellte: „In den letzten Jahren haben die Gastwirtschaften in Berlin im ganzen um 145%, und zwar für die gebildeten um 86,3%, die für die niederen Bevölkerungsklassen um 210,6% zugenommen. (...) Berlin zählte 1905 24 493 bewohnte Grundstücke, auf diese verteilten sich 13 118 Schenken, also war mindestens auf jedem zweiten Grundstück eine Kneipe." Straßen wie diese legen ein beredtes Zeugnis davon ab.

# DESTILLATION E. WEIDNER

KLOSTERSTRASSE 14

Destillation Weidner in der
Klosterstraße,
F. A. Schwartz, 1884.

Die Aufschrift „Weiss- und bairisch Bier-Lokal" verweist auf die aus Franken und Bayern eingeführten, untergärigen Lagerbiere, die sich seit der Mitte des 19. Jahrhunderts in Berlin großer Beliebtheit erfreuten und bald das einheimische Weißbier verdrängten. Sie bekamen später Konkurrenz durch die Produkte entstehender Berliner Brauereien, die zunächst auch „Bairisch Bier" produzierten, später dann die Pilsener Brauart pflegten. Das Haus mit seinen fünf Fensterachsen ist übrigens ein typisches Berliner Bürgerhaus aus der Zeit Wilhelms I., der Giebel im Dachgeschoß war meist der Wohnraum für Soldaten, zu deren Einquartierung die Bürger verpflichtet waren. Die Hebräische Buchhandlung und die koschere Fleischerei deuten auf die Nähe der Synagoge in der Heidereuthergasse hin.

# 208. Ausschank der Berliner Adler Brauerei

Friedrichstrasse 206–209

Der 208. Ausschank der Berliner Actien Brauerei, F. A. Schwartz, um 1875.

Wem kein gescheiter Wirtshausname einfiel, der machte aus einer Zahl eine Tugend: die zweihundertsoundsovielste Institution eines Unternehmens zu sein, konnte man auch als werbewirksamen Titel interpretieren. Er verweist in diesem Fall aber auch auf die direkte Abhängigkeit der Gastwirte von den Brauereien, wie sie schon damals tausendfach bestand. Die Mehrzahl der Kneipiers zapfte lediglich Bier in Lokalen, deren Einrichtung bis zum letzten Krug den Großbrauereien gehörte.

# STEHBIERHALLE

CHARLOTTEN- / ECKE DOROTHEENSTRASSE

Etwas ungewohnt, fast orientalisch wirkt diese Straßenecke mit ihren flachen Bauten und der Reklame für türkische Zigaretten. Dabei befinden wir uns mitten in Berlin. Das hohe Gebäude links war übrigens der Turm der alten königlichen Sternwarte. Die Stehbierhalle verweist im Gegensatz zur normalen Stammkneipe mit ihrem „ansässigen" Publikum auf Laufkundschaft. Hier konnte man schnell „einen zischen" und dann seiner kurzfristig unterbrochenen Beschäftigung weiter nachgehen. Untersuchungen jener Zeit, die sich mit Problemen des Alkoholkonsums beschäftigten, sprachen von „Fanggruben", die „entweder möglichst nahe bei industriellen Werken oder doch an Straßen liegen, welche die Arbeiter auf dem Wege zur und von der Arbeit unbedingt passieren müssen."

Alte Stehbierhalle.
Aufnahme der Königlichen
Meßbildanstalt, um 1900.

# Helms Restaurant

## Schlossfreiheit

Das Restaurant Helms an der Schloßfreiheit, um 1885.

Seit 1671 bestand zwischen Stadtschloß und Spree die sogenannte „Schloßfreiheit", ein Komplex aus dreizehn Häusern, deren Besitzern bestimmte Freiheiten eingeräumt worden waren. Sie brauchten zum Beispiel keinen Grundzins zu entrichten und waren von Einquartierungen des Militärs befreit. Als 1876 die Werderschen Mühlen abgerissen wurden, entstand auf dem freigewordenen Platz „der geschmack-lose Bau eines Kaffee- und Restaurationsbetriebes", das abgebildete Helm's Restaurant. Später fand man, daß die inzwischen als malerisch empfundenen Häuser den optischen Eindruck der Westfront des Schlosses zu sehr beeinträchtigten. Sie wurden bis 1897 sämtlich niedergelegt. Ihren Platz nahm das aufwendig gestaltete Kaiser-Wilhelm-Denkmal ein.

Seitenansicht von
Helms Restaurant, 1897.
Die ersten Häuser der
Schloßfreiheit werden
gerade abgerissen.

# CASSEL'S HOTEL
## BURGSTRASSE 15

Cassel's Hotel an der Spree,
aufgenommen von
F. A. Schwartz, um 1888.

Akribisch dokumentierte der Fotograf Friedrich Albert Schwartz in den achtziger Jahren die Häuser in der dem Schloß gegenüber liegenden Burgstraße. Cassel's Hotel & Restaurant zählte in jener Zeit zu den renommierten jüdischen Restaurants mit koscherer Küche, die eine „stille Nuance der Ehrbarkeit in die landsmännische Gastronomie brachten." (Kiaulehn). Zu ihnen gehörten in der Burgstraße auch das bekannte, unmittelbar benachbarte Hotel König von Portugal (siehe Seite 68) und in den zwanziger Jahren auch Leo Herrmann (Burgstraße 28/29). „Das beliebteste jüdische Restaurant Berlins war Berg in der Markgrafenstraße, dessen gute Küche (gefüllter Gänsehals, gänseweißsauer) die Feinschmecker aller Konfessionen, einschließlich der Atheisten anzog". (Kiaulehn)

# Hôtel de Saxe

## Burgstrasse

Das Hôtel de Saxe,
F. A. Schwartz, 1875.

Die Aufnahme zeigt neben der Cavalier-Brücke (Sechserbrücke) und der alten Kriegsakademie das Hôtel de Saxe. Es gehörte um 1800 zu den ganz wenigen renommierten Gasthöfen der ersten Kategorie. Den rasch steigenden Maßstäben moderner Haustechnik und betrieblicher Organisation genügten diese Häuser jedoch bald nicht mehr. Sie verschwanden bis auf wenige Ausnahmen. Julius Roden-berg beschrieb 1885 den Wandel dieses Viertels: „Noch einmal ging ich über die alte Sechserbrücke, die nun auch bald nicht mehr sein wird (. . .), und als ich vorwärts blickte, nach der Burgstraße hin, da war keine Kriegsakademie mehr, kein Durchgangsbogen mehr, keine Heiliggeistgasse mehr – nur noch Ruinen und Brettergerüste und Maurer, die mit Spitzaxt und Brecheisen arbeiteten.“

# König von Portugal

## Burgstrasse 16

1699 entstand dieser Gasthof an der Spree, der seinen Namen der längeren Einquartierung eines Gesandten des Königs von Portugal verdankte. Er wurde zu einer historischen Stätte, mit der eine Fülle illustrer Namen wie Grillparzer, Lessing, Hauff und E. T. A. Hoffmann verbunden war, die ihn jeweils zum Schauplatz verschiedener literarischer Werke machten. Im Gegensatz zu beinahe allen anderen Gasthäusern vergleichbaren Alters konnte der König von Portugal durch entsprechende Renovierung Anschluß an das zwanzigste Jahrhundert gewinnen. Die während der Nazizeit immer stärker reduzierten, kulturellen Aktivitäten für die jüdische Bevölkerung konzentrierten sich hier. „Das Neueste ist das Wochenend-Kabarett im König von Portugal. Das Hotel in der Burgstraße mit seinem von Schinkel erbauten Festsaale ist eine historische Stätte (. . .). Das Haus konnte vor kurzem auf 240 Jahre seines Bestehens zurückblicken." Nach dem Krieg gab es nur noch die Trümmer.

Der Eingang zum
König von Portugal.

70

Erinnerungstafel am
Eingang des Hotels,
Carl Weinrother, 1928.

Der Hof des
König von Portugal,
Waldemar Titzenthaler,
1910.

# Hôtel de Brandebourg

Charlottenstrasse 42 / Ecke Mohrenstrasse

„Ich bin immer noch aus der Zeit von Hôtel de Brandebourg, an dem mich immer nur die Französisierung ärgerte, – sonst alles vorzüglich. Aber solche Gasthäuser sind eben, seit wir Kaiser und Reich sind, mehr oder weniger altmodisch geworden (. . .)." (Theodor Fontane: Stechlin). Das eindrucksvolle Haus stammte aus dem Jahr 1781 und war 1799 an den Gastwirt Carl Friedrich Krause verkauft worden,

der zunächst ein Kaffeehaus, dann das Hotel einrichtete. Berühmt war auch hier die Table d'hôte, das gemeinschaftliche Essen für die Gäste, zu dem nachmittags um drei gebeten wurde. Als das Haus mit den einsetzenden Veränderungen der modernen Gastronomie nicht Schritt halten konnte, wurde es 1885 verkauft und abgebrochen. Kurze Zeit später entstand an seiner Stelle ein Wohn- und Geschäftshaus.

Das Hôtel de Brandebourg um 1880. Aufnahme von F. A. Schwartz.

# KISSKALTS HOTEL STADT LONDON

## LEIPZIGER STRASSE 50 / ECKE JERUSALEMER STRASSE

Kisskalts Hotel Stadt London, aufgenommen von F. A. Schwartz, um 1880.

Seit der Jahrhundertwende beherrschte das Kaufhaus Tietz die Südwestecke des Dönhoffplatzes an der Leipziger Straße. Vorher tat dies ein breitbehäbiger Bau, der in gewissem Sinne gleichfalls vom Geist des Merkur beseelt wurde: waren es doch überwiegend Kaufleute, die in Kisskalts Hotel Stadt London abstiegen. Fand sich mal ein „nichtkaufmännisch abgestempeltes Menschenkind" dort ein, mochte es

noch eine Table d'hôte erleben: „Der Hausbesitzer selbst ließ es sich nämlich nicht nehmen, mit feierlichem Ernste die Suppe an seine Gäste zu verteilen und sich dann, nachdem dieses wichtige Geschäft vollendet, an die Spitze der Tafel zu setzen und mit vernehmlicher Stimme allen eine gesegnete Mahlzeit zu wünschen. Das Ganze hatte einen anheimelnden, beinahe patriarchalischen Stil." (Kastan)

# Conditorei Hegenberg

Unter den Linden 76

Die Conditorei Hegenberg
an der Passage zur
Neuen Wilhelmstraße,
F. A. Schwartz, 1865/66.

Die auffallende Durchfahrt zur Neuen Wilhelmstraße verdankte ihre Gestaltung einem Entwurf Karl
Friedrich Schinkels. Als Privileg mochte es sich der
Besitzer der Conditorei Hegenberg angerechnet
haben, sein Etablissement hier zu betreiben. Im ersten
Stockwerk hinter der giebelbekrönten Loggia befand
sich der Adlersche Saal, der für größere Festlichkeiten
bestimmt war. Die permanente Stadterneuerung for-
derte auch hier schon früh ihre Opfer. Der Mittelteil
des 1822 entstandenen Baus verschwand bereits 1867,
um dem Verkehr gerecht werden zu können; die
Seitenteile wurden 1937 abgerissen.

# HÔTEL DE ROME
UNTER DEN LINDEN 39 / ECKE CHARLOTTENSTRASSE

Das Hôtel de Rome,
Unter den Linden,
J. F. Stiehm, 1880.

Der bereits im 18. Jahrhundert bekannte Gasthof wurde 1864 bis 1876 in zwei Phasen umgebaut. „Berühmt war der Kaffee im Hôtel de Rome. Dort fanden sich nach den Donnerstagssitzungen die Mitglieder der Akademie der Wissenschaften zusammen. Aber auch sonst verkehrte eine gute und vornehme Gesellschaft in dem Café des Hotels (. . .)". (Krieger)

Kaiser Wilhelm I. lieh sich gelegentlich eine Badewanne aus dem Hotel. 1892 wurde es als erstes Haus seiner Klasse mit elektrischem Strom versorgt. Trotzdem veraltete es angesichts der zahlreichen Neugründungen moderner Hotels rapide. 1910 schloß das Hôtel de Rome und wurde zu einem Geschäftshaus umgebaut.

# HOFJÄGER
## TIERGARTEN

Eingang zum „Hofjaeger. Café und Restauration" im Tiergarten, um 1860.

„Ins Jriene", dieses Ziel erreichte man damals bereits, wenn man von der Promenade Unter den Linden durch das Brandenburger Tor dem Tiergarten zustrebte. Das ehemalige kurfürstliche Jagdrevier war seit 1745 öffentlicher Lustgarten, den Peter Joseph Lenné ab 1833 nach Vorbildern englischer Landschaftsparks umgestaltete. An seinem südlichen Rande hatten sich schon vorher verschiedene Gaststätten und Kaffeehäuser angesiedelt. Eines von ihnen betrieb der Hofjäger Hahn: „Wer hier im Thiergarten auch nicht ganz wohnt, macht doch gern des Morgens früh eine Promenade heraus, um bei dem Hofjäger, einem der entferntesten Wirtshäuser auf dieser Seite, zu frühstücken. Man plaziert sich in verschiedenen Lauben umher und trinkt bei einer nicht unangenehmen Musik, wozu man Lust hat." Zeitweise war der Hofjäger Berlins größtes Gartenlokal, in dem bis zu viertausend Gäste der Militärmusik lauschen konnten oder eines der vielen Riesenfeuerwerke bewunderten. Die Grundstücke des Hofjäger ebenso wie der Lokale Moritzhof und Albrechtshof wurden später parzelliert.

# FLORA

BERLINER STRASSE (HEUTE OTTO-SUHR-ALLEE)

Von 1871 bis 1874 entstand in der Nähe der heutigen Brauhofstraße in Charlottenburg nach Entwürfen von Johannes Otzen ein großes Festsaalgebäude mit romanischen und orientalischen Stilelementen. Es sollte „als Analogon des Frankfurter Palmengartens eine bisher vorhandene Lücke unter den Vergnügungs-Lokalen Berlins glänzend ausfüllen. Den Schwerpunkt des Ganzen bildet sonach ein für Konzerte und Feste bestimmter Saalbau, dem sich das Palmenhaus mit seinen Annexen als spezifische und bedeutendste dekorative Zuthat anschliesst".

(Deutsche Bauzeitung 1873) Ausgedehnte Gartenanlagen boten zehn- bis zwölftausend Menschen Platz. Das Flora-Etablissement entwickelte sich zwar schnell zu einer Attraktion für die Berliner, war aber letztlich nur anläßlich besonderer Sensationen ausgelastet. Zu ihnen gehörten Gondelflüge vom Garten aus (1875), die Gastspiele von Buffalo Bill und das erste Radrennen für Hochräder (1881). Wegen mangelnder Rentabilität wurde das Flora 1904 abgebrochen. Berlin verlor damit den seinerzeit größten Festsaal Deutschlands.

Gartenansicht des Flora-Saalbaus in Charlottenburg, um 1877.

77

# GASTHAUS BRIESE

Im Garten des Gasthauses Briese, um 1912.

Gäste erholen sich in der geruhsamen Beschaulichkeit eines Biergartens. Vor dem Ersten Weltkrieg gab es hier und da noch kleinere Gastwirtschaften mit schattigen Gartengrundstücken. Sie mußten jedoch bald dem sich beständig ausbreitenden Großstadtwesen Berlins weichen, das mit raumgreifenden Mietskasernenkomplexen seine Umgebung nach und nach vereinnahmte, eine Entwicklung, die 1920 in der Schaffung der Einheitsgemeinde Berlin gipfelte. In manchen der vereinnahmten Landgemeinden konnte sich der im früheren Ortskern gelegene Dorfkrug in seinem angestammten Hause halten, so etwa in Britz, Lübars, Rudow, Dahlem oder Wannsee.

# ROLLKRUG

HERMANNSTRASSE 258

Der Rollkrug, um 1900,
Waldemar Titzenthaler.

Der Rollkrug war ein Wahrzeichen Rixdorfs, des
späteren Neukölln. Er entstand 1712 bei Eröffnung
der neuen Poststraße von Berlin nach Dresden und
beherbergte zunächst den Laden der Firma Loeser
und Wolff. Die später dort eingerichtete Gaststätte
am Anfang der alten Heerstraße, der heutigen
Hermannstraße, entwickelte sich zu einem beliebten
Ausflugsziel, wurde jedoch bereits 1909 abgerissen.

# WIDLÖFS RESTAURANT
## ORANIENSTRASSE 173

Die Kegelbahn in Bruno
Widlöfs Restaurant,
um 1900.

Die Kneipe entwickelte sich mit der Zeit von der Zuflucht aus der Wohnungsenge zum festen Standort für organisierte Zusammenkünfte. Das erblühende Vereinswesen suchte und fand mannigfache Betätigungsfelder: politische Schulungen, gesellige Abende, Skat- oder Keglerrunden. Kegelbahnen wie die in Bruno Widlöfs Restaurant waren weit verbreitet. Zwischen Jahrhundertwende und Erstem Weltkrieg erwuchs ihnen jedoch eine starke Konkurrenz durch das Billardspiel, nicht zuletzt weil es mit geringerem Platzaufwand im Hinterzimmer untergebracht werden konnte.

# Zum Schweinekopf

Südufer Nr. 1

Der Schweinekopf,
aufgenommen um 1890.

Hinter dem merkwürdigen Namen verbarg sich eine einfache Kneipe mit Kegelbahn. Darüberhinaus diente die Gaststätte den Berliner Vertrauensleuten der SPD als Sitzungslokal. „Der Name geht auf eine Berliner Sage zurück. Danach wurde einer der brandenburgischen Kurfürsten in dieser Gegend von einem Wildschwein angegriffen und von einem zu Hilfe herbeieilenden Köhler gerettet. Aus Dankbarkeit habe ihm der Kurfürst dann eine Schankgerechtigkeit verliehen. Auf diese Weise wurde aus einer Köhlerhütte die spätere Gaststätte. Das Gebäude wurde um 1910 abgebrochen." (Thiel)

# UNTER DEN LINDEN UND DICHT DABEI

# BRISTOL
### UNTER DEN LINDEN 5/6

Das Bristol-Hotel,
Postkartenansicht, um 1922.

1890/91 entstand nach Plänen von Carl Gause das Bristol-Hotel Unter den Linden, eines der vornehmsten Hotels in Berlin. Fontane setzte ihm ein Denkmal, als er den alten Herrn von Stechlin erzählen ließ: „(. . .) und so bin ich denn durch meinen Sohn im Hotel Bristol untergebracht worden. Alles ersten Ranges, kein Zweifel, wozu noch kommt, daß mich der bloße Name schon erheitert, der neuerdings jeden Mitbewerb so gut wie ausschließt." Zu den Gästen des Bristol zählten Vertreter des europäischen Hochadels, Industrielle, Künstler von Rang und Namen: Zar Ferdinand von Bulgarien, Fürst Fugger, Franz Léhar, Geheimrat von Opel, Generaldirektor Porsche . . . Das Bristol war das einzige große Hotel ohne den in Berlin beinahe schon obligatorischen Tanz. Im Zweiten Weltkrieg wurde das Haus zerstört.

# ADLON

## UNTER DEN LINDEN 1

Das gabs nur einmal, in Berlin und überhaupt: das Adlon. Ein würdiges Entree auf Berlins Prachtstraße Unter den Linden bot seit seiner Eröffnung 1907 das weltberühmte Hotel am Pariser Platz. Damit ersetzte es auch in angemessener Weise das von Schinkel entworfene Palais Redern, das hier gestanden hatte, bis es für den Hotelneubau gegen heftige Bürgerproteste abgerissen worden war. Hinter der eher schlichten Fassade des Adlon erstrahlten die Räume im Glanze einer reichen Ausstattung unter Verwendung seltenen Mamors und exotischer Hölzer. Siebzehn Millionen Mark hatte der Bau insgesamt verschlungen. Alle Zimmer waren mit Telephon, Normaluhr und Zentralheizung ausgestattet. Unter dem rührigen Hausherrn, Louis Adlon, gesellte sich zu dem umfassenden Service die herausragende Kochkunst des bekannten Küchenchefs Auguste Escoffier. Die Eingangshalle wurde zur Drehscheibe der Internatio-

Das Adlon, vom Pariser Platz aus gesehen, 1909.

Eine der Hallen im Adlon,
um 1910.

nalität, der Namen aus Politik, Kunst, Film und
Demimonde. Berühmt war der jährliche Ball der aus-
ländischen Presse. Zur alltäglichen Teestunde am
Nachmittag war nur schwer ein Platz zu ergattern.
Das Adlon war in erster Linie ein Haus der Fremden,
insbesondere der Amerikaner. Sie gaben „dem Hotel
vor allen anderen Hotels von Europa den Vorzug
und haben es häufig für das allererste der europäischen Weltstädte erklärt." In den letzten Kriegs-
tagen 1945 brannte es völlig aus.

Die Bar im Adlon, um 1910.

Am Sekt-Kühlschrank
in der Küche des Adlon,
1913.

# KAISERHOF

## WILHELMSPLATZ

Das Hotel Kaiserhof,
Eingangsseite zum Zieten-
platz, um 1920.

Etwas abseits der Linden, nahe den Ministerien der
Wilhelmstraße, lag der Kaiserhof. Er war das erste
große Hotel Berlins, das von vornherein als der-
artiger Zweckbau geplant war. Es gehörte der 1872
gegründeten Berliner Hotel-Aktiengesellschaft. Diese
ließ das von der Architektengemeinschaft von der

Hude & Hennicke entworfene Gebäude in den Jahren
1873 bis 1875 errichten. Seine Besonderheiten waren
die schloßartige Vierflügelanlage, die aus dem größten Teil der Zimmer den Blick auf die Straße ermöglichte, und der hohe Standard technischer und
sanitärer Einrichtungen. Komfortable Speisesäle,

Die Fischküche, 1913.

Lese- und Rauchsalons sowie Konversations- und Billardzimmer sorgten für Bequemlichkeit und eine interessante Umgebung. „Es lohnt sich, den ‚Kaiserhof' schon des anziehenden gesellschaftlichen Bildes wegen, den das Restaurant bietet, aufzusuchen. Sonnabends, am Tage der Berliner Premieren, trifft das noch in ganz besonderem Maße zu. Und unter den Palmen der Halle lassen sich zu mitternächtlicher Stunde noch viele zwanglos und ohne feiertägliches Gewand zu einem Glase Pilsener nieder um zu sehen, nicht um gesehen zu werden."
(Berlin für Kenner.)

# CARLTON-HOTEL
UNTER DEN LINDEN 32

Das Carlton-Hotel,
F. A. Schwartz, um 1890.

Ebenfalls eine Unterkunft der ersten Klasse bot das Hotel Carlton Unter den Linden / Ecke Charlottenstraße, schräg gegenüber der Königlichen Bibliothek. Die hohen Fenster in der Beletage verweisen auf weitläufige Festsäle; das Restaurant Astoria war für seine feine Küche bekannt. Einhundert Zimmer verbargen sich hinter der trutzig-historistischen Fassade mit Erkern und Turmhauben, und ein Merkur auf der Weltkugel an der Gebäudeecke schützte den Schlaf der Reisenden.

# Gebrüder Habel

## Unter den Linden 30

Weinhandlung und Weinstuben der Gebrüder Habel, Unter den Linden, 1910.

Das renommierte alte Weinhaus der Gebrüder Habel war 1779 von Johann Simon Habel, seines Zeichens Kellermeister Friedrichs des Großen, gegründet worden. Seine Söhne kauften das Anwesen Unter den Linden 30 und eröffneten 1784 neben der Weinhandlung eine Weinstube. Sie sollte durch ihre illustren Gäste berühmt werden, zu denen Künstler wie Anton von Werner und Reinhold Begas ebenso zählten wie Politiker und Militärs. Es herrschte Alt-Berliner Behaglichkeit in den Weinstuben mit ihren alten Kachelöfen und den stimmungsvollen Bildern aus Hof-, Theater- und Volksleben. In der Probierstube gab es als Spezialität den Habel-Cognac – bis zur Zerstörung des Hauses 1943.

# CAFÉ VIKTORIA

## UNTER DEN LINDEN 46

Blick auf das Café Victoria,
Lucien Levy, um 1900.

Das Café Viktoria war einem Hotel angeschlossen und entsprach internationalem Standard. Im Lauf der Zeit wechselten allerdings der Name und die Kundschaft: „An der Kreuzung Friedrichstraße mit den Linden spiegelt Café König, das in früheren Jahren weitbekannte Café Viktoria, die gesellschaftliche Zerrissenheit und geschmackliche Urteilslosigkeit

unserer Zeit wieder. Wohl infolge seiner überaus günstigen Lage ist es ein vielbesuchter Treffpunkt unentwegter Geschäftemacher, billigster Scheineleganz und nach ein Uhr nachts der Genußgewerblerinnen, die bei Kaffee oder Likör Anschluß suchen." (Stieler) Die berühmte Kreuzung sank im Zweiten Weltkrieg in Schutt und Asche.

# Café Bauer

## Unter den Linden 26

Café Bauer, aufgenommen von Hermann Rückwardt, 1881.

Das Ende 1878 nach Plänen von Hermann Ende im Neo-Renaissancestil erbaute Haus lag dem Café Viktoria gegenüber und beherbergte außer dem Hotel Bauer („alle Zimmer mit Balkons") das weitbekannte Café gleichen Namens. Es war das erste, bereits 1867 von Oskar Bauer gegründete, Wiener Café in Berlin, und es war schon ganz früh mit elektrischer Beleuchtung ausgestattet worden. Die Räume schmückten eindrucksvolle Gemälde von Anton von Werner und Albert Hertel. Berühmt war die Vielfalt der zur Auswahl stehenden Zeitungen, ihre Zahl schwankte zwischen 600 und 800. Das Café blieb die ganze Nacht geöffnet, jedoch ohne Musik. 1931 schloß es wegen schlechter Ertragslage.

# CAFÉ KRANZLER

## UNTER DEN LINDEN

Das Kranzler bei Nacht,
Heinz Lienek, 1932.

An der später weltbekannten Ecke zur Friedrichstraße eröffnete 1825 Johann Georg Kranzler seine
Konditorei und setzte als erster Gastronom eine er-
höhte Terrasse vor das Gebäude, dem Friedrich
August Stüler 1834 die bekannte Gestalt gab. Unzählige Besucher erlebten und beobachteten hier den
täglichen Auftrieb auf dem Linden-Korso. Das

Schaufenster Berlin:
die Kranzlerterrasse
Unter den Linden,
Röhnert, 1912.

Kranzler-Eis war berühmt. Seinetwegen waren vor dem Ersten Weltkrieg die Gardeleutnants sogar dienstlich hier, wie Bogdan Krieger augenzwinkernd vermerkte: „Denn das preußische Heer hat erkannt, daß es (das russische Heer) ihnen irgendwann einmal feindlich gegenüberstehen wird. Um sich nun für diesen großen Zeitpunkt zu rüsten, gewöhnen sich unsere Gardeleutnants bei Zeiten so sehr ans Eisessen, daß ihnen das russische und sibirische Eis unmöglich wird gefährlich werden und widerstehen können." Wie man weiß, kam alles ganz anders. Nach Zerstörung des Kranzler-Ecks am 7. Mai 1944 wurde hier später ein Appartement- und Geschäftskomplex errichtet.

# HOTEL CONTINENTAL
## NEUSTÄDTISCHE KIRCHSTRASSE 6/7

Das Continental Hotel um 1900, dokumentiert von der Firma Borsig, die dem Haus eine Kühlanlage lieferte.

Das Continental-Hotel lag gegenüber dem Bahnhof Friedrichstraße. Sein Besitzer war der ungekrönte Hotelkönig Louis Adlon. Es gehörte mit seinen 250 Zimmern und 100 Bädern zu den führenden Hotels von Berlin. Ebenso wie das Adlon war auch das Continental berühmt für sein Weinrestaurant mit internationaler Küche. Im Zweiten Weltkrieg zerstört.

# ELITE-HOTEL
## NEUSTÄDTISCHE KIRCHSTRASSE 9 / ECKE REICHSTAGSUFER

Elite-Hotel

Restaurant

Weingrosshandlung

Grosse · kleine
Conferenz-Säle

KAISERLICHER
AUTOMOBIL-CLUB

Außer dem früher berühmten Hotel Russie und dem Continental gab es noch ein drittes Hotel in der verkehrsgünstigen, zentralen Lage am Hauptausgang des Bahnhofs Friedrichstraße: das Elite-Hotel. Die drei in ordentlicher Reihe aufgestellten Pagen verheißen ebenso rührigen Service wie das Renommierschild mit der Empfehlung des Kaiserlichen Automobil Clubs. Tatsächlich gehörte das Haus „mit gutem Restaurant" (Grieben) zu den Hotels der Luxusklasse, wie wohl schon sein Name zum Ausdruck bringen sollte.

Eingang zum Elite-Hotel,
um 1910.

# CENTRAL HOTEL
## FRIEDRICHSTRASSE 143–149

1880 wurde das Central Hotel eröffnet, das seinerzeit den gastronomischen Superlativen zuzurechnen war, nicht nur wegen der gläsernen Riesenhalle seines Wintergartens. Es war flankiert von zwei dreißig Meter hohen Kuppeltürmen. Internationalität bezeugten die Namen aller großen Städte der Welt auf einem längs der Fassade laufenden Goldmosaik-

fries. Fünfhundert Zimmer standen den Fremden in zentraler Lage am Bahnhof Friedrichstraße zur Verfügung. Ein zeitgenössischer Zeitungsbericht hoffte, „daß der Betrieb dieses Riesenhotels der Residenzstadt würdig geführt und daß dasselbe mit dazu beitragen werde, den Aufenthalt in der deutschen Hauptstadt zu einem angenehmen zu machen".

Das Central-Hotel mit Blick zum Bahnhof Friedrichstraße, 1882.

# WINTERGARTEN

FRIEDRICHSTRASSE 143–149

„Wintergarten – 8 Uhr!" Der knappe Text einer Zeitungsanzeige machte nach 1900 schnell klar, wo man zu sein hatte, wollte man dabei sein: im 1880 erbauten Wintergarten des nebenstehend abgebildeten Central-Hotels. Die 2330 Quadratmeter große Halle mit Glasdach war zuerst tatsächlich Wintergarten. Kiesbedeckter Boden, Palmen, Wasserläufe und von der Decke hängende Ampeln mit Schlingpflanzen kennzeichneten die Oase, in der Hotelgäste einen würdigen Erholungsraum finden sollten. Nach der Jahrhundertwende übernahm die Hotelbetriebsgesellschaft das Haus und modernisierte es, der Wintergarten entwickelte sich zu einem Variété-Theater, das weltberühmt wurde.

Der Wintergarten, als er noch Wintergarten war. Hermann Rückwardt, 1880.

99

# Palais de Danse

Behrenstrasse 53/54

Ein Lokal, von dem man in Berlin sprach, war vor 1914 das Palais de Danse gewesen, eines von drei Etablissements im Metropolpalast. Das Publikum beeindruckte es durch die üppige Ausstattung im Rokokostil. „In diesem herrlichen Rahmen feiert die Berliner Lebewelt alle Abende ihre mondainen Feste. An den kleinen Tischen sitzen die Huldinnen, es knallen die Sektpfropfen, und die Welt scheint Kopf zu stehen. Die Kellner bedienen in seidenen kurzen Beinkleidern und Escarpins wie bei Hofe. Um 12 Uhr ist im Palais de Danse kein Platz zu haben. Man kann dann in dem Saale promenieren, ohne etwas trinken zu müssen. Der Eindruck des in der Mischung der Architektur, der Farben, Lichter, Erscheinungen und Bewegung unvergleichlichen Bildes ist mit der bleibendste, den man aus Berlin mitnehmen kann (. . .). Um zwei Uhr ist im Palais de danse Schluß. Dann geht es ein paar Stufen tiefer in den Pavillon Mascotte." (Berlin für Kenner) Später entstand an der Stelle des Palais der Vergnügungspalast Alkazar (in den dreißiger Jahren Atlantis), der jedoch auch nicht verhindern konnte, daß sich der größte Teil des Berliner Nachtlebens mehr und mehr an und um den Kurfürstendamm verlagerte. Heute beherbergt der Bau die Komische Oper.

Innenansicht des nach dem Vorbild der Würzburger Residenz gestalteten Ballsaals mit 400 Quadratmetern Tanzfläche, Max Missmann, 1938.

# CAFÉ KERKAU

FRIEDRICHSTRASSE 59

Der auffallend mit Kuppel und Laterne bekrönte
Eckbau an der Ecke Leipziger Straße entstand
1887–89 nach Plänen von Karl Schäfer für die New
Yorker Lebensversicherungsgesellschaft „Equitable".
Das Café besaß im ersten Stock einen Damen-Salon.
Daneben bot sich den Herren die in jener Zeit weit-
verbreitete Möglichkeit des Billardspiels. Letzteres
sollte sich später im Neubau des Kerkau-Palastes zu
seiner vollsten Blüte entwickeln (siehe Seite 115).
Aber das war noch nicht alles, wie das Kompendium
„Berlin für Kenner" für die Zeit vor 1914 zu berichten wußte: „Die erste Etage wartete noch mit
einem weiteren Clou auf, mit dem Clou der Clous,
der ‚Kanone' aller Kanonen: mit dem Kapellmeister,
der seiner Exzentrik wegen Mister Meschugge genannt wurde und als Inkarnation des Musik-Cafés
überhaupt galt. Kunstgenuß und 'ne Schale Braun –
Brot und Spiele für das Heer der kleinen Angestellten, das hier tagtäglich Zerstreuung suchte." Nach
dem Ersten Weltkrieg war hier das Café Equitable,
später das Moka Efti (siehe Seite 144).

Café Kerkau,
aufgenommen von
Waldemar Titzenthaler,
1903.

102

# WEINSTUBEN TRARBACH

### BEHRENSTRASSE 47

Außenansicht
der Weinstuben Haus
Trarbach, 1920.

Die Rosensaal-Weinstuben
im Haus Trarbach, 1905.

Die Spezialität bei Trarbach war Mosel. Das leuchtet ein. Berühmtheit erlangte die Weinhandlung J. P. Trarbach Nachf. durch die besondere Ausstattung. Der Jugendstilkünstler und Architekt Richard Riemerschmid aus München hatte die Einrichtung entworfen, die 1905/06 großes Aufsehen erregte. In einem romanisierenden Neubau gruppierten sich diverse Säle um einen Innenhof, der im Sommer durch versenkbare Fenster mit einbezogen werden konnte. Die Räume waren zum Teil mit edlen Materialien wie Zedernholz und Onyx ausgekleidet oder in ihrer Farbgebung mit Ornamentik und Figurenschmuck sorgfältig aufeinander abgestimmt. „Stühle, Heizkörperverkleidungen, die Musterungen des Linoleum, Weinkühler, ja Streichholzständer sind mit derselben Liebe behandelt wie das Ornament in Stuck, Malerei oder Schnitzwerk." Nach einem Brand im Jahr 1914 wurde das Haus originalgetreu wiederhergestellt und erfreute sich bis zu seiner endgültigen Zerstörung im Zweiten Weltkrieg großer Beliebtheit.

Blick in einen der von
Richard Riemerschmid
gestalteten Säle mit
Fenstern zum Innenhof,
1905.

# Automat

## Friedrichstrasse 166

Innenansicht
des Automatenrestaurants,
1906.

In schmucker Neugotik präsentiert sich eines der ersten elektrischen Automatenrestaurants. Während in einigen traditionsreichen Lokalen der letzte Abgesang auf die Wirtstafel verklang, feierte hier ein Zeitgeist Triumphe, der dieses Jahrhundert prägen sollte: das neue Tempo. Der hektische Zeittakt der Großstadt schuf auch eine neue Form der Eßkultur, die sich in Schnell-, Selbstbedienungs- und Automatenrestaurants manifestierte. Betreiber des

Automat war der Berliner Unternehmer Sielaff, der diese Selbstbedienungsrestaurants auch in anderen Städten betrieb und die Idee 1902 in New York etablierte. 1905 zog der Automat in einen auf dem Grundstück nebenan errichteten Neubau eines Geschäftshauses um. Sein Architekt war Bruno Schmitz. Der Automat ist längst dahingegangen. Die beiden Gebäude, in denen er nacheinander war, blieben als wenige Ausnahmen von Bomben verschont.

Der Automat in der
Friedrichstraße vor dem
Umzug, um 1900.

Der Neubau des Wohn- und
Geschäftshauses mit dem
Automat, 1906.

# F. W. Borchardt
## Französische Strasse 48

Weinhandlung
F. W. Borchardt,
F. A. Schwartz, um 1900.

Beeindruckend streng und klar gegliedert präsentierte sich die Fassade des Traditionsrestaurants von F. W. Borchardt, das in Verbindung mit einem Delikatessengeschäft und einer Weinhandlung entstanden war. „Ein verhältnismäßig kleines Lokal, sehr diskret und vornehm eingerichtet und hochgeschätzt von den Gourmets, die sich jedes Gericht

Innenansicht
des Weinrestaurants,
um 1900.

nach besonderem, lange und gründlich beratenem Rezept anfertigen lassen. (. . .) Kleine Nebensäle, in denen der Kronprinz manchmal mit seiner Umgebung nach dem Theater soupiert und die Garde-Kavallerie kameradschaftliche Abende feiert. Von den älteren Herren des vornehmen Landadels bevorzugt, so daß an manchen Abenden der unmodern werdende Gehrock dominiert. Keine Tafelmusik!" (Berlin für Kenner) Zum Publikum zählten in den späten zwanziger Jahren hauptsächlich Vertreter des Wirtschaftslebens: Hochfinanz, Industrielle und Kaufleute. In jener Zeit eröffnete auch eine Filiale am Kurfürstendamm. 1943 gab es von beiden nur noch Trümmer.

# LUTTER & WEGNER

## CHARLOTTENSTRASSE 49 / ECKE FRANZÖSISCHE STRASSE

Der berühmte Keller
von Lutter & Wegner, 1941.

Lutter & Wegner war ein legendäres Weinlokal. 1806 eröffnete der Kaufmann und Weinhändler Sigismund Trenck in dem prachtvollen, dreißig Jahre zuvor nach Plänen von Carl Gontard errichteten, klassizistischen Gebäude eine Weinstube, die ab 1811 von Christoph Lutter und August Friedrich Wegner weitergeführt

wurde. 1818 ging das Haus in den Besitz der beiden über, seit 1827 gehörte die Weinhandlung Wegner allein. Es gab im Hochparterre ein modernes Restaurant und – ab 1835 – dann den berühmten historischen Keller, der zunächst nur aus Vorraum und einem Gewölbe bestand. Später wurde er um drei

Das Eckhaus mit dem säulenbestandenen Eingang zur Weinstube von Lutter & Wegner, aufgenommen von F. A. Schwartz, 1880.

weitere Gewölbe vergrößert. Lutter & Wegner war Stammlokal von E. T. A. Hoffmann, dessen Handzeichnungen die Wände zierten, von Heinrich Heine, Ludwig Devrient, Theodor Körner und vielen anderen. „Im historischen Keller Speisen nur à la carte. Alle Weine glasweise. ½ Pouillac für 1 Mk. vorzüglich. Im Keller leider nicht mehr durchweg ausgewähltes Publikum." (Berlin für Kenner) In den Keller findet heute leider überhaupt kein Publikum mehr; das Haus wurde im Krieg zerstört. Immerhin gibt es eine Nachkriegsgründung in der Schlüterstraße in Charlottenburg.

# TUCHERHAUS
## FRIEDRICHSTRASSE 180 / ECKE TAUBENSTRASSE

Das „fränkische" Tucherhaus,
Lucien Levy, um 1890.

Eine ganze Reihe von Bräus versorgte die durstigen Biertrinker aus erster Hand mit den Suderzeugnissen fränkischer und bayerischer Brauereien. Einen Hauch von Franken brachte das Tucherhaus von der alten Reichsstadt Nürnberg in die neue Reichshauptstadt Berlin: Sockelzone mit Sandsteinmimikry, Fassadenbemalung, Chörlein und spitzgieblige Dachgauben

unterschieden das 1888 von Conradin Walther entworfene Eckgebäude auffällig von seiner Umgebung. Es beherbergte den Nürnberger Hof, ein gutsituiertes Hotel, sowie Wein- und Bierrestaurant: „Sehr hübsche und angenehme Lokalitäten. Mittagstisch in vorzüglicher Zubereitung zu kleinen Preisen. Dunkles und helles Tucherbier." (Grieben)

# Zum Spaten

## Friedrichstrasse 172

Auch Alt-Bayern war unter den Bräus vertreten, neben anderen mit den Bierpalästen von Pschorr, Löwenbräu, Weihenstephan und Spaten. Letzteres war das älteste Münchener Bräu in Berlin. Ähnlich wie beim nebenstehend abgebildeten Tucherhaus verwiesen die reichen Ziermalereien der Fassade, die Treppengiebel und der Erker auf süddeutsches Gepränge, auf Bayern und sein Bier. Architekt des 1884/85 erbauten Hauses war Gabriel von Seidl. Im Erdgeschoß gab es ein Lokal im altdeutschen Stil und in der ersten Etage ein modernes mit gedeckten Tischen. Viele Vereine hatten dieses Haus zu ihrem bevorzugten Treffpunkt gewählt.

Das Spatenhaus in der Friedrichstraße, Lucien Levy, um 1890.

# HAUSSMANN
## JÄGERSTRASSE 5

Das Innere der Weinstube Haussmann mit ihren vielen Prominentenportraits, 1914.

Das behagliche Interieur dieser Weinstube hat unzähligen Gästen zugesagt, unter denen sich viele berühmte Leute finden. Zu ihnen gehörte Johannes Trojan etwa, Schriftsteller und Leiter des „Kladderadatsch", oder auch Reichskanzler Bismarck, dessen Dankschreiben nebst würdigen Konterfeis an der sogenannten Bismarckwand links vom Buffett zu bestaunen war. Die Weinstube Haussmann galt als Tip für Eingeweihte.

# KERKAU-PALAST

BEHRENSTRASSE 46

Einer der Billardsäle im
Kerkau-Palast, vor 1914.

Weil das alte Café Kerkau (siehe Seite 120) zu klein geworden sein mochte, entstand 1910 nahe der Ecke zur Friedrichstraße ein Bau mit groß angelegtem Restaurationsbetrieb auf drei Etagen. Ihre Grundflächen von 600 und 800 Quadratmetern bezeugten den Hang zu monumentalen Cafés. Seine besondere Anziehungskraft hatte der Kerkau-Palast als „Berühmtes Billardcafé! 50 Billards. Täglich zwischen 4 und 5 Uhr und 9 und 10 Uhr spielt der Meister-spieler Kerkau ein paar Partien. Im Parterre kann man mittags zwischen 2 und 4 Uhr die bekanntesten Berliner Schachspieler ihre Partie Schach machen sehen. In der ersten Etage stellt nachmittags die Internationale Artistenloge, die hier bei Kerkau ihr offizielles Stelldichein sich gibt, ein sehr buntes Publikum. Im Parterre und in der 1. Etage bis in die Nacht hinein Musik. Die ganze Nacht geöffnet". (Berlin für Kenner)

# KEMPINSKI

## LEIPZIGER STRASSE 25

Die eindrucksvolle Fassade
mit dem Korbbogen an der
Krausenstraße, 1907.

116

Das Haus Kempinski gehört zu denen, die ein eigenes Kapitel Berliner Gastronomiegeschichte geschrieben haben. Das „Kempi" wurde zum Synonym für Berliner Gastlichkeit schlechthin. 1889 eröffnete Berthold Kempinski, der seit 1862 einen florierenden Weinladen mit Ausschank in der Friedrichstraße betrieben hatte, ein neues, größeres Haus in der Leipziger Straße. 1906/07 wurde das Gebäude unter Einbeziehung von zwei weiteren Grundstücken bis zur Krausenstraße erweitert und erfuhr – bei laufendem Betrieb – einen vollständigen Umbau. Die Fassade zur Leipziger Straße erhielt in Erd- und erstem Geschoß eine Verkleidung aus rotbraunem, schwedischen Granit. Die reiche Ornamentik – zum Teil in echter Vergoldung – und der geschweifte Giebel gaben dem Haus ein unverwechselbares, vom Jugendstil inspiriertes Gepräge. Nicht minder aufwendig war die Fassade an der Krausenstraße, hinter der sich im Erdgeschoß der große Restaurationssaal und im Obergeschoß der Gelbe Saal sowie der Erkersaal verbargen.

Mehr noch als das Äußere schätzten die Berliner den Betrieb im Hause. Um die Jahrhundertwende sorgten bis zu 250 Köche in Schichten für das leibliche Wohl der Gäste, die dafür nicht unbedingt Vermögen zahlen mußten: „Speisen 90 Pf. und 1,40 Mk. Suppe, Käse, Kompott, Nachtisch 35 Pf. Sehr beliebt als süße Speise das Parfait, eine Art Eiscreme. Jeden Tag Spezialgerichte. Alle Delikatessen der Saison, immer vorzüglich und zu mittleren Preisen." (Berlin für Kenner) 1926 folgte auch Kempinski dem „Zug nach dem Westen" und eröffnete am Kurfürstendamm 27 ein zweites Restaurant an der Ecke Fasanenstraße.

Die 1909 von Waldemar Titzenthaler gemachte Aufnahme zeigt das Haus in der Leipziger Straße nach dem Umbau.

Einer der reich
ausgestatteten Kempinski-
Säle, 1910.

Tellerwäscher im
Kempinski, 1913.

Täglicher Nachschub
vom Feinsten: Wild
und Ananas, 1913.

# CAFÉ FRIEDRICHSHOF

FRIEDRICHSTRASSE 41

Das Café Friedrichshof
mit Zaungästen,
Lucien Levy, um 1885/87.

Im Jahr 1882 entstand das prachtvolle Eckgebäude an der Friedrichstraße mit seinem überbordenden Fassadenschmuck. Hier war Barock in großem Stil angesagt. Außer den herrschaftlichen Wohnungen beherbergte das Haus in den beiden unteren Etagen das Café Friedrichshof. Es besaß Eingänge zur Friedrich- und zur Kochstraße hin. Speisen gab es à la Carte, mittags zu kleinen Preisen. Im Ausschank waren Helles, Pilsener und Münchner Bier. Den Stadtführern aus der Zeit vor dem Ersten Weltkrieg nach hatte das Café wie einige andere in dieser Gegend auch den Charakter eines Weltstadtcafés „und nichts berlinisch Typisches an sich". (Berlin für Kenner)

# Café Schilling

## Friedrichstrasse 209 / Ecke Kochstrasse

Das alte Café Schilling an der Ecke Friedrichstraße / Kochstraße, um 1900.

„Oder wir gehen zu Schilling und essen Eis, Ananas- oder Vanilleeis, das aß ich immer am liebsten." Möglicherweise auch Theodor Fontane, der diesen Vorschlag seiner Romanfigur Effi Briest in den Mund legt, als sie nach langer Zeit ihre Tochter Annie wiedersieht. Da gab es das Café schon ein halbes Jahrhundert: Es wurde 1843 von August Schilling begründet. Nach seinem Tod übernahm es sein Neffe Hermann Giese, der auch Konditormeister war und bald Hoflieferant werden sollte. Zur Jahrhundertwende entstand eine Filiale am Kurfürstendamm 234. Sie überdauerte den Krieg noch einige Jahrzehnte unter altem Namen, bis sie in den siebziger Jahren von der Oscar Möhring GmbH übernommen wurde.

# RUND UM DEN POTSDAMER PLATZ

# Grand-Hotel Bellevue
## Potsdamer Platz

Das Grand-Hotel Bellevue,
Waldemar Titzenthaler,
1903.

Das Grand Hotel Bellevue konnte sich von dem nebenstehend abgebildeten Palast-Hotel lediglich durch seine um wenige Meter nähere Lage zum Potsdamer Bahnhof unterscheiden. Ansonsten verband es mit dem Palast-Hotel ein gleiches Maß an Luxus und Gediegenheit. Allerdings mußte das Bellevue als erster der beiden Zwillingsbauten wieder aus dem Stadtbild verschwinden. Es wurde Anfang der dreißiger Jahre abgerissen, um dem in dieser Umgebung futuristisch wirkenden „Columbushaus" Platz zu machen, das Erich Mendelssohn entworfen hatte. Auf der Photographie erkennt man links den Verandagarten des berühmten Café Josty (siehe Seite 126).

# Palast-Hotel

## Potsdamer Platz

Das Palast Hotel.
Rechts eines der beiden
klassizistischen Torhäuser
von Karl Friedrich Schinkel.
Waldemar Titzenthaler,
1899.

Das Gesicht des verkehrsreichen Potsdamer Platzes bestimmten die mächtigen Kopfbauten großer Hotels und öffentlicher Gebäude am Ende der sternförmig auf ihn zulaufenden Straßen. Das herrschaftlich wirkende, gründerzeitliche Palast-Hotel zwischen Königgrätzer Straße (heute Stresemannstraße) und Leipziger Platz lag in enger Nachbarschaft zum Grand Hotel Bellevue (siehe nebenstehende Seite), dem es bis in viele Einzelheiten seines Äußeren glich.

Die Ähnlichkeit kam nicht von ungefähr. Beide Häuser entstanden 1887 nach Plänen des Baurates Ludwig Heim und waren mit einer Kapazität von jeweils rund hundert Zimmern auch gleich groß. Das Palast Hotel zählte ebenfalls zu den Häusern „allererstens und ersten Ranges". Gerühmt wurden die vornehme Atmosphäre, die Tafelmusik und das feine Restaurant. Im Zweiten Weltkrieg brannte es vollständig aus.

# JOSTY
## POTSDAMER PLATZ

Gleichsam wie aus einem Schaufenster ins Berlin hinein blickte man von der Veranda des Café Josty über den Potsdamer Platz. Der Faszination des Weltstadttreibens rund um diese Drehscheibe der Berliner Verkehrsströme konnte sich kaum jemand entziehen. Den besten Blick auf das Leben und Treiben hatte man sicher von hier aus. „Josty mit dem Glasvorbau, wo sie schon von früh an sitzen und Zeitungen lesen, und die Pferdebahnen und Omnibusse kommen von allen Seiten heran, und es sieht aus, als ob sie jeden Augenblick ineinander fahren wollten, und Blumenmädchen dazwischen (aber es sind eigentlich Stelzfüße), und in all dem Lärm und Wirrwarr werden dann mit einemmal Extrablätter ausgerufen, so wie Feuerruf in alten Zeiten und mit einer Unkenstimme, als wäre wenigstens die Welt untergegangen, – ja, Kinder, wenn ich das so vor mir habe, da wird mir wohl, da weiß ich, daß ich mal wieder unter Menschen bin, und darauf mag ich nicht gern verzichten." (Theodor Fontane) Die Schlüsselfunktion behielt das Café bis in die dreißiger Jahre: „Früher gab Café Josty am Potsdamer Platz das Zeichen zum Frühlingsbeginn. Wenn die erste Amsel vorwitzig ihr Liedchen pfiff, stellten die Kellner auf der Terrasse am Platz Tische und Stühle auf. Die Berliner ließen sich nun nicht lange bitten (. . .)." (Franz Lederer, 1934). Seit dem Ende des Zweiten Weltkrieges muß man auf das Ritual an dieser Stelle verzichten. Die Gebäude um den Potsdamer Platz wurden sämtlich eliminiert. Auf dem ehemals belebtesten Platz der Stadt breitete sich zwischen den Sperranlagen der Mauer Friedhofsruhe aus. Sie endete erst am 10. November 1989.

Blick vom Eingang
des Café Josty
in die Leipziger Straße,
um 1932.

# Fürstenhof

## Potsdamer Platz

„Der Neubau des Hotels Fürstenhof am Potsdamer Platz erfüllt eine Anzahl von Forderungen (. . .). Schon für die Gesamtarchitektur des Neubaues handelte es sich darum, einen ungeheuren Komplex zu bewältigen und einheitlich zu gestalten. Es sollte hier dem wichtigsten Platz der Stadt ein neuer Faktor eingefügt werden, der sein Aussehen völlig umgestaltet. Wenn man das einfache alte Hotel mit dem neuen Bilde vergleicht, glaubt man eine andere Stadt zu sehen. Eine neue Welt architektonischer Formen baut sich auf, in reicher Gliederung hoch emporstrebend, kraftvoll und plastisch, mit Erkern und Dächern, wie die Verkörperung einer neuen Zeit, die hier für ein neues Jahrhundert vorhalten muß," lobte die „Berliner Architekturwelt" 1908. Dem am Potsdamer Bahnhof ankommenden Reisenden bot das Hotel eine gepflegte Unterkunft in einem der dreihundert Zimmer. Passanten und Spaziergänger fanden hier im Café Fürstenhof, in einer Aschinger-Bierquelle und einem weiteren, vornehmen Bierrestaurant Gelegenheit, von Terrassen oder den Fenstern im ersten Stock das hektische Verkehrsgewühl am Potsdamer Platz zu beobachten. Im Krieg fiel das gesamte Anwesen den Bomben zum Opfer.

Eher bescheiden nimmt sich das alte Hotel Fürstenhof 1906 aus; der Blick weist rechts in die Königgrätzer Straße.

Bis zur Zerstörung des Hotels beherrschten die drei Eckhauben des Fürstenhofes den Potsdamer Platz, 1908.

# Haus Vaterland

Potsdamer Platz / Ecke Königgrätzer Strasse

Ein Haus der Superlative sollte das Café Piccadilly einmal werden. Die Aufnahme zeigt das Gebäude kurz nach seiner Fertigstellung, unverwechselbar mit seinem pantheonartigen Rundbau am Kopf des neunzig Meter langen Gebäudes. Es wurde 1911/12 von der Bank für Grundbesitz und Handel an die Stelle von fünf Wohnhäusern gesetzt. Der Entwurf stammt von Franz Schwechten, dem Architekten des Anhalter Bahnhofs. Neben dem Piccadilly entstand mit dem Lichtspieltheater und den Büros der Ufa-Filmgesellschaft auch ein Zentrum der neuen Filmkunst. Der patriotische Gesinnungsumschwung bei Ausbruch des Ersten Weltkrieges führte zur Umbenennung in Haus Vaterland. 1928 kam es zu den Kempinski-Betrieben und beherbergte unter anderen mit der Weißbierstube Zum Teltower Rübchen, mit Türkischer Mokkastube, Wiener Grinzing und den Rheinterrassen ein Dutzend Restaurants unter einem Dach. Das Haus Vaterland wurde im Zweiten Weltkrieg stark in Mitleidenschaft gezogen. Erst 1973/74 wurden die bis dahin verbliebenen Ruinen abgerissen.

Haus Vaterland,
Otto Haeckel, 1912.

Dieses Haus war ein Non-plus-ultra: „Zehn Millionen Besucher in zehn Jahren, das bedeutet, daß an einem Abend gegen dreitausend Gäste zugegen waren." (Hans Erman) Sie wurden von mehr als fünfhundert Angestellten betreut. Es gab aufwendige Panoramen und stündlich aufziehende Rheingewitter, effektvolle Illuminationen der Glas- und Spiegelwelten, alles „(. . .) diente dem schönen Zweck, jenen aus der Provinz zureisenden Herren, die voller Lüsternheit nach Amüsement aus dem Potsdamer und Anhalter Bahnhof hervorquollen, eine möglichst bunte und möglichst rationalisierte Stimmungskollektion aus

Die berühmten Rheinterrassen, um 1940.

Das Café Potsdam im
Haus Vaterland, 1912.

den heimischen Ecken unseres Vaterlandes, der
Pappmaché-Exotik von Übersee, aus Heurigen-
rührseligkeit und verjazztem Trapperschweiß
zusammenzumixen, die billig war, bequem und
im Geschmack eines Provinzlers angemessen",
konstatierte Inge von Wangenheim kritisch in ihrer
Betrachtung des Hauses.

# KONDITOREI TELSCHOW

POTSDAMER STRASSE 146

Die Konditorei Telschow
am Potsdamer Platz,
um 1900.

Die Konditoreien Berlins genossen hinsichtlich der Qualität ihrer Erzeugnisse einen guten Ruf. Als vorzüglich galten die Backwaren der Konditorei Telschow am Potsdamer Platz, auf deren Terrasse im Sommer darüberhinaus Rote Grütze und Dicke Milch beliebte Erfischungen waren. Weitere Telschow-Filialen gab es in der Leipziger, der Köthener und in der Joachimstaler Straße. Ihre Inneneinrichtungen stammten zum Teil von Bruno Paul, einem der hervorragendsten Jugendstil-Gestalter und Architekten, der seit 1906 Direktor des Kunstgewerbemuseums in Berlin war. Sie alle wurden im Zweiten Weltkrieg zerstört.

# BIERHAUS SIECHEN
## POTSDAMER PLATZ 3

Die nach der Jahrhundertwende entstehenden großen Bierpaläste wetteiferten in Ausstattung und Dekoration um die Gunst des zahlenden Besuchers. Der den Potsdamer Platz nach Südwesten abgrenzende Bau des Bierhauses Siechen mit seinem hohen Turmbau wurde 1909/10 nach einem Entwurf von Johann Emil Schaudt im Stil der deutschen Renaissance errichtet, der nach Meinung der Gestalter am besten dem Empfinden des deutschen Bürgertums entsprach. Die Baukosten beliefen sich auf eine Million Mark. In den zwanziger Jahren wurde das Gebäude nach der bayerischen Brauerei in Pschorr-Haus umbenannt. Im Zweiten Weltkrieg zerstört.

Das Siechen-Haus, um 1910.

# WEINHAUS HUTH
### POTSDAMER STRASSE 5

Vor dem Weinhaus Huth, August 1925.

Die fröhlich gestimmten Mitglieder des Rundfunkorchesters, die hier auf einem Betriebsausflug unterwegs sind, halten vor einer ehemals weitbekannten Adresse: vor dem Weinhaus Huth. 1911 ließ Willy Huth, Enkel des Firmengründers, hier ein neues Haus errichten. In den mit Eichenholz getäfelten Sälen im ersten Stock kosteten Offiziere und Minister, Professoren und Beamte die Schätze aus dem viertausend Quadratmeter großen Weinkeller. Für Laufkundschaft gab es zwei Probierstuben im Parterre. Den Bombenhagel des Zweiten Weltkriegs – die Schoppenstube blieb bis in den April 1945 geöffnet – überstand das Haus mit seiner auffälligen Turmecke (im Bild nicht zu sehen) nahezu unversehrt. Nach Wiedereröffnung und vorübergehender Verpachtung in der Nachkriegszeit erholte sich das Geschäft jedoch nicht mehr. 1958 schloß das Weinhaus seine Pforten für immer. Seitdem fiel es nur durch seine Lage auf: es war – bis auf weiteres – das letzte Haus am Potsdamer Platz.

# ROLAND VON BERLIN
## POTSDAMER STRASSE 127

Die stattliche Fassade des Geschäftshauses mit dem Café Roland von Berlin, um 1900.

Schon die reichverzierte Fassade repräsentierte auffällig den um die Jahrhundertwende verbreiteten Bürgerstolz an dem ehemals zwischen Potsdamer Brücke und Potsdamer Platz gelegenen Geschäftshaus. Trutzigkeit altdeutschen Stils und Wehrhaftigkeit ließen sich aus der Inneneinrichtung und dem gewappneten Bismarck als Roland von Berlin ablesen. Es war jedoch weniger das mannhaft bodenständige Flair, das dieses Haus bekannt machen sollte, sondern ein Kind der lockeren Muse, das von dem 1905 hier gegründeten Cabaret gleichen Namens seinen Siegeszug antrat: Claire Waldoff. Nach anfänglichen Schwierigkeiten mit antimilitaristischen Liedern in ihrem

Bismarck als Roland.

Innenansicht des Roland
von Berlin, um 1900.

Repertoire versuchte sie es mit ein paar neuen, die der junge Komponist Walter Kollo für sie schrieb. Mit dem „Schmackeduzchen" begeisterte sie auf Anhieb die Berliner jedweder Herkunft:

„Mein geliebtes Schmackeduzchen,
komm zu deinem Enterich,
laß uns beid' von Liebe plauschen,
innig, sinnig, minniglich..."

Von der Bebauung zwischen Landwehrkanal und Potsdamer Platz blieb nach dem Zweiten Weltkrieg nichts; nach Verlegung beziehungsweise Richtungsänderung der Potsdamer Straße erhebt sich heute ungefähr an der Stelle der abgebildeten Häuser die Staatsbibliothek.

# RHEINGOLD
### BELLEVUESTRASSE 19/20

Illustre Gesellschaft im
Rheingold, um 1930.

Kurz nach der Jahrhundertwende entstand unmittelbar hinter dem Café Josty (siehe Seite 126) ein Weinrestaurant, das hinsichtlich der prachtvollen Ausstattung seinesgleichen suchte. Viereinhalb Millionen Mark kostete der Bau, den die Aschinger GmbH zwischen Bellevue- und Potsdamer Straße nach Plänen des Architekten Bruno Schmitz errichten ließ. Zwei Drittel des Betrages nahm die Innenausstattung der vierzehn Säle hinter der eher herben, strengen Fassade in Anspruch. Zu ihnen gehörte der Pfeifersaal in seiner ernsten Würde, der heitere Onyxsaal, der reich mit Bildern ausgestattete Mahagonisaal oder der farbig fein abgestimmte Ebenholzsaal. „Einer durch den anderen gehoben, erweitert und verbunden durch die gemeinsame Formensprache und dem farbigen Zusammenhange seiner Nachbarn", jubelte die „Berliner Architekturwelt". Die Bewirtungspreise orientierten sich am Beispiel des Kempinski, lagen zum Teil aber niedriger. Von der Potsdamer Straße hatte man Zugang zur Bierabteilung, wo es, wie auch in der Weinabteilung, ab sechs Uhr abends Tafelmusik gab. Nach den Bombardierungen des Zweiten Weltkriegs gab es hier nichts mehr.

Teilansicht des Kaisersaales, 1908.

137

# Esplanade
## Bellevuestrasse 16–18

Der Innenhof des Hotels
Esplanade, 1908.

Die Eröffnungsfeier
am 30. 11. 1908.

Hotel Esplanade, das bedeutete verschwenderische Ausstattung und großzügiger Umgang mit Raum: „Im Esplanade folgten allein zwei Hallen und ein Palmenhof aufeinander, bis man mit dem weitläufigen Speisesaal erstmals eine Räumlichkeit mit Funktionsbestimmung erreichte." (Bodo M. Baumunk) Die feudale Herberge entstand auf dem ehemaligen Grundstück eines Wohnhauskomplexes nach den Plänen der Architektengemeinschaft Boswau & Knauer in zwei Bauabschnitten in den Jahren 1907/08 und 1911/12. Die höchst prachtvolle Ausstattung des Esplanade – erwähnenswert war die große Zahl der separaten Bäder – setzte das Haus dem Hotel Adlon (siehe Seite 83-85) gleich und

Palmengarten im Esplanade,
1908.

spiegelte mit ihm den Glanz einer Epoche wider. Im
Besitz des Stinnes-Konzerns, beherbergte es oft bekannte Magnaten der deutschen Schwerindustrie.
„Der Funktion eines Großstadthotels entsprechend,
besaß das Esplanade neben den bereits genannten
sechzig Dienerzimmern mehrere Dutzend Aufent-
halts- und Schlafräume für das Hotelpersonal." Die
feudale Gesellschaft benötigte in den Hotels eben
auch eine besondere Infrastruktur. Das Esplanade
wurde unter anderem wegen seiner Tanztee-

Nachmittage berühmt, die sommers in dem herrlichen Garten mit seinem alten Baumbestand statt-
fanden. Das im Februar 1943 von Bomben stark in
Mitleidenschaft gezogene Gebäude wurde in den
fünfziger Jahren zum Teil wiederaufgebaut und als
Theatersaal oder Ausstellungsort genutzt. Nach der-
zeit geplanten Umbauten soll aus dem ehemaligen
Hotel Esplanade das Filmhaus Esplanade mit Film-
kunstkino, Filmmuseum und weiteren, dem Medium
sich widmenden Institutionen werden.

140

Silvester 1908
im Esplanade.

Die Kaffeeküche, um 1908.

# FREDERICH
EICHHORNSTRASSE 3

Hotel und Weinstuben
Frederich,
Waldemar Titzenthaler,
um 1900.

Das bekannte Hotel und Weinrestaurant Frederich lag dicht am Potsdamer Bahnhof, zwischen Potsdamer und Linkstraße. Die niedrige Firsthöhe und die Fassadengestaltung des Hauses weisen es als einen der frühen Berliner Wohnhausbauten aus, das auf der Photographie schon dicht zwischen gründerzeitliche Wohnblöcke eingezwängt wird. Frederich's Weinstuben waren das Stammlokal Adolf Menzels,

der von 1871 bis 1876 in der nahen Potsdamer Straße 6 wohnte. Er fand hier stets auch eine Bleibe, wenn ihm nach dem Weingenuß der Nachhauseweg zu lang erschien. Abgesehen von dem bekannten, auch in höchsten Kreisen willkommenen Maler verkehrte den einschlägigen Beschreibungen zufolge bei Frederich eher der „gediegene, in seinen Anschauungen konservativ gebliebene Berliner."

# EXCELSIOR
### KÖNIGGRÄTZER STRASSE 112/113 (HEUTE STRESEMANNSTRASSE)

Das Excelsior-Hotel
im Eröffnungsjahr 1908.

Das zweite große Einfallstor zur Stadt nach dem Potsdamer Platz mit dem gleichnamigen Bahnhof war der nahegelegene Anhalter Bahnhof am Askanischen Platz. Um den mächtigen Bau herum entstand ein weiteres Zentrum mit Völkerkundemuseum, Kunstgewerbemuseum (heute Martin-Gropius-Bau), dem Europa-Haus und, unmittelbar gegenüber, dem 1908 fertiggestellten Excelsior-Hotel. Mit vierhundert, später sechshundert Zimmern zählte es zu den größten Häusern der Stadt. Seine Weltläufigkeit hinsichtlich geistiger und verkehrsgemäßiger Moderne fand unter anderem ihren Ausdruck in der über fünftausend Bände umfassenden Hotelbibliothek samt Saal des Freien Denkens und in der direkten, unterirdischen Verbindung zum Anhalter Bahnhof beziehungsweise zur S-Bahn. Das Hotel wurde 1945 zerstört. An seiner Stelle erhebt sich heute das Saskatchewan-Hochhaus.

# MOKA EFTI
### BELLEVUESTRASSE 11a UND FRIEDRICHSTRASSE 59/60 / ECKE LEIPZIGER STRASSE

Das andere Moka Efti im
Bezirk Tiergarten, um 1936.

Eingang zum Moka Efti in
der Friedrichstraße, 1936.

Schachsäle, Billardsäle, Fremdenzimmer, Tanzmusik
von mehreren Kapellen – großstädtisches Amüsement bot während der dreißiger Jahre in der Friedrichstraße das Café Moka Efti, „wo die Weitläufigkeit
und die bizarre maurische Formgebung die Augen
nicht zur Ruhe kommen lassen und das Ohr von der
durch Lautsprecher übermäßig verstärkten Klang-
fülle des Orchesters gemartert wird". (Stieler) Das
Moka Efti gab es dann auch im „Parufamethaus" in
der Bellevuestraße 11a, an der Stelle des früheren
Schottenhaml (siehe nebenstehende Seite).

# SCHOTTENHAML

BELLEVUESTRASSE 11a

„Als Zeichen eines sich steigernden schönheits-
freudigen Lebenswillens sind die Großcafés
anzusehen, wie sie durch Schottenhaml und Café
Berlin vertreten werden. (. . .) Als der Architekt
(Oskar Kaufmann) den Auftrag erhielt, hier ein Café
zu errichten, sah er sich vor die reizvolle Aufgabe
gestellt, mit einer Raumfolge alte Berliner Geschichte weiterzuspinnen, Zeiten zu überbrücken.
Nicht ganz ist das Gewollte erreicht, doch als Tat ist
zu würdigen, daß im Schottenhaml ein alter Kunst-
zweig, die Porzellanmalerei, bei Einrichtung des Alt-
Berliner Porzellankabinetts wieder Verwendung fand.
Ornamental in die Wand eingelassen sind nach alten
Originalen mit Bildern aus der Berliner Geschichte
bemalte Platten, Teller und Schalen, die sich von der
sandfarbenen Stoffbespannung wirkungsvoll abheben
und dem Raum eine anmutige und doch besinnliche
Stimmung geben." (Stieler) In den dreißiger Jahren
war hier eine Filiale des nicht minder berühmten
Cafés Moka Efti (siehe nebenstehende Seite).

Der Spiegelsaal im Café
Schottenhaml, 1927.

Das Café Schottenhaml bei
Nacht, um 1927.

# Europa-Haus

Den Reiz bunten groß-
städtischen Nachtlebens
vermittelte die gigantische
Leuchtreklame am Turm des
Europa-Hauses, 1936.

Dem mächtigen Anhalter Bahnhof schräg gegenüber
lag das zumindest in den Dimensionen kaum weniger
imposante Europa-Haus. Es zählte zu den ersten be-
deutenden Hochhausbauten in der Stadt. Die nachts
hell erleuchtete Front dieses Verwaltungs- und Ver-
gnügungszentrums war zur Saarlandstraße 122 Meter
und zur Anhalter Straße siebzig Meter lang. Die Bau-
arbeiten zogen sich in Etappen von 1927 bis 1936
hin, als der 68 Meter hohe Lichtturm fertiggestellt
war. Seine riesigen Leuchtreklamen machten das Ge-

bäude nicht weniger berühmt wie den Augustiner-
Keller, das Restaurant Schottenhaml an der Ecke
Anhaltstraße, den Europa-Tanz-Pavillion und das
Kleinkunstprogramm im Café Europa. Letzteres war
einer der Schauplätze in dem Großstadtroman „Leb
wohl, Berlin" von Christopher Isherwood ab. Der
Lichtturm wurde im Zweiten Weltkrieg demontiert.
Nach dem Wiederaufbau des teilzerstörten Hauses
zogen hier ganz profan Dienststellen der Post-
Fernmeldeämter ein.

# KARSTADT-DACHCAFÉ

## HERMANNPLATZ

Es war weniger die räumliche Nähe, als die moderne, metropolitane Bauform, die das Kaufhaus Karstadt mit dem nebenstehend abgebildeten Europa-Haus verband. Ebenso wie die Gegend um den Anhalter Bahnhof war der Hermannplatz im nicht weit entfernten Stadtteil Neukölln ein Verkehrspunkt erster Ordnung. 1929 eröffnete hier mit dem Kaufhaus Karstadt ein Warenhaus der Superlative. Es besaß 72 000 Quadratmeter Nutzfläche, eigene Zugänge zur Untergrundbahn und den seinerzeit wohl größten bewirtschafteten Dachgarten Europas. In luftiger Höhe fanden hier auf viertausend Quadratmetern Bruchsteinfliesen unzählige Gartentische ihren Platz, eingerahmt von geometrischen Blumenrabatten in Kalksteineinfassung. Versorgt wurden die Gäste aus der größten, in Berlin ausgeführten elektrischen Küche sowie aus eigener Bäckerei und Konditorei. Den Dachgarten flankierten zwei imposante, 56 Meter hohe Turmbauten. Das Kaufhaus wurde Ende des Krieges zerstört und danach vereinfacht wiederaufgebaut.

Den Blick von einem der beiden Türme wagte Friedrich Seidenstücker, um 1932.

Das Kaufhaus Karstadt, Friedrich Seidenstücker, um 1932.

# AM ALEX UND ANDERSWO

# Grand Hotel

ALEXANDERPLATZ / ECKE NEUE KÖNIGSTRASSE

Vis-à-vis zum Stadtbahnhof Alexanderplatz stand das Grand Hotel mit seiner kleinteilig verspielten Fassade im Stil der deutschen Renaissance. Es war Anfang der 1880er Jahre nach Plänen der Architekten Martens und Holst erbaut worden und warb laut einer Anzeige im Internationalen Fremdenbuch jener Zeit mit dem Angebot von „300 Betten, Electrischer Beleuchtung, einer Wechselstube im Hotel und einem fortwährend im Betriebe befindlichen Personenaufzug". Die Preise für die Zimmer begannen „von 2 Mark an incl. Licht und Bedienung". Das Gebäude wurde im Krieg zerstört.

Grand Hotel am Alexanderplatz mit Blick in die Neue Königstraße, 1910.

150

# RESI
## BLUMENSTRASSE

Das Ballhaus Residenz-Casino, salopp zu Resi ver-
kürzt, hatte eine seit 1908 währende Tradition als
Vergnügungszentrum. Es lag östlich der Spree
zwischen den Stadtbahnstationen Alexanderplatz und
Jannowitzbrücke und brillierte mit dem größt-
möglichen technischen Fortschritt jener Zeit in Form
von Wasserspielen, sich drehenden, reflektierenden
Beleuchtungskörpern sowie einer Tischtelefonanlage
und Rohrpostverbindungen. Durch letztere konnte
der Gast, wenn beschwörende Worte nicht reichten,
seinem Schwarm (weiblich) ein Fläschchen Parfüm
mit Geisblattduft oder (männlich) eine Bartbürste im
Etui durch die Rohrleitung in den Auffangkorb am
Tisch „pusten" lassen. Nach dem Krieg zog das Resi
in das von Bomben verschont gebliebene Orpheum
in der Hasenheide um. Auch dort feierte die Technik
der Wasserspiele, Tischtelefon- und Rohrpostanlagen
in großem Stil wieder Triumphe, wobei die leidvollen
Erfahrungen mit letzteren (Versenden von Anzüglich-
keiten) nach Zwischenschaltung einer Zentrale ab-
gestellt wurden. In den siebziger Jahren wurde das
Resi abgerissen.

Die neueste Attraktion
im Resi: eine automatische
Tischtelefonanlage, 1927.

# SCHLESISCHER HOF

## AM SCHLESISCHEN (HEUTE HAUPT-) BAHNHOF

Am Schlesischen Bahnhof,
Januar 1929.

Es war nur der kleinere Prozentsatz der Berlinreisenden, der sich die Einquartierung in den besseren Hotels leisten konnte. Dem Heer der Minderbemittelten und der namenlosen Ankömmlinge, die in dieser Stadt Abenteuer oder den Anfang für ein neues Leben suchten, standen zahlreiche Unterkünfte zur Verfügung, die weniger luxuriös waren und finanziell geringeren Ansprüchen genügen mußten. Sie lagen, wie hier gegenüber dem Haupteingang des Schlesischen Bahnhofs, rund um die großen Kopfbahnhöfe, den zentralen Ankunftsorten aus der Ferne. Der Schlesische Hof zählte mit 28 Zimmern in der Preisklasse von 1,50 bis 2 Mark (1914) zu den solideren, preiswerten Absteigen.

# Akademischer Keller

## Marienstrasse

Von den Höhen des Elfenbeinturms in den Akademischen Keller: Das in Berlin-Mitte gelegene Lokal war eine der vielen Studentenkneipen, in denen der studentische Bierkonsum und die billige Verpflegung gesichert waren. Zu weiteren berühmten Adressen zählten der Stramme Hund in der Friedrichstraße, die Akademischen Bierhallen hinter der Universität am Hegelplatz. Für die Studenten der Technischen Universität gab es gleichfalls Akademische Bierhallen im Erdgeschoß des Hotels Hippodrom am Knie, (siehe Seite 188).

Der Akademische Keller und sein Inhaber, Emil Päsicke, 1930.

Eingang zur der alten historischen Gaststätte, um 1910.

# Zur letzten Instanz
## Waisenstrasse 16

Restauration Marie Beil,
später die Letzte Instanz,
1901.

„Durch die Leipziger, Gertrauden- und Königstraße zieht sich der breite, hastende Menschenstrom des Großstadtverkehrs, biegt man aber in eine der schmalen Seitenstraßen ein, so ist man mitten im alten Berlin." (Franz Lederer, 1929) Ein Stück Häusergeschichte erzählen die beiden Aufnahmen des Anwesens in der Waisenstraße nahe der Parochialkirche. Die an die alte Stadtmauer angelehnte Restauration von Marie Beil mit dem Ausschank von Weiss- und Bairisch Bier wurde 1924 zur berühmten Letzten Instanz. Sie lag gegenüber dem Landgericht, und im Gegensatz zu der Verhandlung im Justizgebäude mochte hier mancher Kläger für sich und auf seine Weise Recht behalten haben. Das Inferno des Bombenhagels überstanden nur drei Häuser der Gebäudezeile in der Waisenstraße, die alte Kneipe war eines von ihnen. 1963 wurde sie grundlegend restauriert und erweitert. Kurz nach Öffnung der Mauer im November 1989 trafen sich hier die Bürgermeister der beiden Stadthälften beim Bier zu ersten Gesprächen.

Die Letzte Instanz gegenüber dem Landgericht, aufgenommen von Friedrich Seidenstücker, 1931.

# LANDRÉS WEISSBIERSTUBEN
### STRALAUER STRASSE 36/37 SPÄTER KLOSTERSTRASSE 76 UND NEUE FRIEDRICHSTRASSE

In Landrés Weißbierstube
in der Klosterstraße,
um 1930.

Außenansicht von Landrés
Weißbierstuben nach dem
Umzug in das ehemalige
Rauch-Museum in der
neuen Friedrichstraße,
um 1935.

Die Zahl der Berliner Weißbierstuben im letzten
Jahrhundert war Legion. Aber nur einige wenige
brachten es zum Ruhm traditionsreicher Einrich-
tungen in der Metropole. Dazu gehörten Clausings
Weißbierstuben in der Zimmerstraße etwa oder die
von Paepken, Rudolf Haase und Landré. Landrés
Weißbierstuben zählten mit der gleichnamigen, 1790
gegründeten Brauerei auch zu den ältesten dieser
Etablissements. Nach Abbruch des Stammhauses am
Molkenmarkt erfolgte die Übersiedlung in die
Klosterstraße 76, später in die Neue Friedrichstraße.

# Raabe-Diele

## Sperlingsgasse

Zu der Zeit, als die Aufnahme gemacht wurde, gab es sie noch, die großen Weißbiergläser ebenso wie die berühmte Landré-Weiße (siehe nebenstehende Seite). Heinrich Zille sieht es mit Behagen. Er war oft zu Gast in der Raabe-Diele, die am Eingang der Sperlingsgasse lag. In dieser Straße, die damals noch Spreegasse hieß, hatte der Schriftsteller Wilhelm Raabe um 1854/55 das Haus Nummer 11 bewohnt und dort die Chronik der Sperlingsgasse geschrieben. Nach ihr wurde die Spreegasse 1931 – anläßlich Raabes hundertstem Geburtstag – umbenannt. Die im Zweiten Weltkrieg stark in Mitleidenschaft gezogenen Häuser des Viertels wurden bis 1964 abgerissen.

Wandschmuck
in der Raabe-Diele.

Heinrich Zille
in der Raabe-Diele.

# Staud's Weinstuben

## Am Zwirngraben 2

In den Weinstuben Staud, dessen Eingangspartie selbst nicht allzu groß gewesen sein mochte, konnte ein aufmerksamer Flaneur darauf anstoßen, das schmalste Haus Berlins entdeckt zu haben: Es stand nebenan.

Die Weinstube Staud neben Berlins schmalstem Haus, um 1900.

# ZUM NUSSBAUM

FISCHERSTRASSE 21

Der Nußbaum in einer
Aufnahme von
F. A. Schwartz, 1885.

1507 erbaut, war der Nußbaum das älteste Gasthaus Berlins. Im Zweiten Weltkrieg brannte das Haus ab. Vor wenigen Jahren enstand eine naturgetreue Rekonstruktion ein paar hundert Meter von der alten Stelle entfernt. Nostalgische Sehnsucht nach dem „Alt-Berlin zu Gast im Nußbaum" korrigiert eine Schilderung Zilles von 1919: „Schiefe Häuser, dunkle, steile Treppen, winklige Stuben, zum Ver-
kriechen einladend (. . .). Dazwischen ein Häuschen, mit spitzem Giebel nach der Straße gestellt. Beschattet von einem alten Nußbaum, dessen Wurzeln sich im Keller und unter dem Straßenpflaster festhalten. ‚Kuchenhaus' nennen es die Gäste der Gastwirtschaft ‚Zum Nußbaum'. Wer fand Süßigkeit? Die der Nußbaum festhielt, verkamen in Bitterkeit, Krankheit und Elend (. . .)."

# AMOR-DIELE

## LANGE STRASSE

Die als Ganoventreff
geltende Amor-Diele, 1929.

Die Amor-Diele galt wie die Neue Feen-Grotte (siehe nächste Seite) als verrufener Ganoventreff. Beide lagen nahe dem Schlesischen Bahnhof in einem Viertel, das Nervenkitzel für jene versprach, „die sich für die Unterwelt von Berlin interessieren werden. (. . .) Da sind Lichtenberg, die Gegend um den Schlesischen Bahnhof und um die Jannowitzbrücke herum, die Gegend um den Alexanderplatz, (. . .) Moabit und Wedding, die Stadtteile, wo das Verbrechen in Berlin vornehmlich zu Hause ist, wo jene dunkle Gestalten durch die Nacht huschen, die allen Grund haben, das Licht zu scheuen". Ein Hauch von Whitechapel wehte den Besucher an, der aus Abenteuerlust und Neugierde mal eben „eine solche Kaschemme aus der Nähe sehen will". (Berlin für Kenner.)

# Zur Neuen „Feen“-Grotte

## Lange Strasse

Das Etablissement
Zur neuen „Feen“-Grotte,
1929.

Dem kontrollierten Vergnügen an der Unterwelt gegenüber standen die unkontrollierten Mißstände in diesen Kreisen. Es gab viel Elend in den sogenannten Animierkneipen, besonders unter den Kellnerinnen, die von der Provision am Umsatz lebten. Aus einem Bericht des „Deutschen Vereins gegen den Mißbrauch geistiger Getränke" des Jahres 1908: „Die Mädchen müssen selbst mittrinken, auch wenn sie gern sich dem entziehen möchten und das Getränk weggießen oder Limonaden trinken, die als Wein bezahlt werden (...). Diese Tatsachen sind umso widerwärtiger, als es dabei nicht einmal um die Freude des verkommenen Trinkers an ungeheuren Mengen alkoholischer Getränke handelt, sondern lediglich um eine Geschäftspflicht zur Vertilgung möglichst riesiger Mengen hochbezahlter Flüssigkeiten."

# EUROPA-HOTEL
## KÖTHENER STRASSE 47

Natürlich gab es nicht nur die mondänen und teuren Absteigen in Berlin-Mitte. Als dort der Platz knapp wurde und die Zahl der Berlinreisenden mit weniger prallen Geldbörsen ständig stieg, entstanden auch in den angrenzenden Bezirken neue Unterkünfte. Freilich schuf man sie nicht durch zweckgerichtete Neubauten, sondern, wie hier, durch Umnutzung früherer Mietwohnungen. Nichts von dem Glanz der großen Häuser in der Stadtmitte vermittelte die nüchterne Fassade des Europa-Hotels in Kreuzberg.

Das Europa-Hotel im Bezirk Kreuzberg, 1937.

# Zum Nassen Dreieck

Skalitzer Strasse 4

Zum Nassen Dreieck,
um 1936.

Ein Lokal ganz eigenwilliger Art fand sich ebenfalls im Bezirk Kreuzberg. Bei der wohl eckigsten aller Eckkneipen handelte es sich um eine architektonische Notlösung zum Wohle der durstigen Nachbarschaft. Die zwei angrenzenden, 1878 erbauten Wohnhäuser bildeten einen spitzen Winkel, den man mit einem zweistöckigen Einbau immerhin noch sinnvoll zu nutzen verstand: vier Tische fanden Platz in dem Schankraum, den auch Heinrich Zille des öfteren aufsuchte. Vor einigen Jahren wurde die originelle, im alten Zustand erhaltene Kneipe weg-„saniert".

# Zum 42ten Brummer

## Friedrichsgracht / Ecke Fischerstrasse

Spree-Liegeplatz vor dem Lokal zum 42. Brummer, 1920.

Unklar wie der Verbleib der vorhergehenden 41 Brummer ist die Herkunft dieses Kneipennamens. Möglicherweise entstand er in Anspielung auf eine Militäreinheit, worauf die stilisierten Schulterstücke auf dem Kneipenschild schließen lassen. Er bringt jedoch gut zum Ausdruck, daß man um die Benennung gastlicher Orte nicht verlegen war. Zudem war die Konkurrenz groß, und jedem, dem etwas Originelleres einfiel als Roter Ochse oder Grüne Eiche, konnte sich seiner Kundschaft sicher sein.

# MÜNCHENER BRAUHAUS

## NEUE FRIEDRICHSTRASSE 1

Das Münchener Brauhaus,
um 1900.

Der Photograph ist gekommen, um das Münchener Brauhaus aufzunehmen. Versteht sich, daß, wer immer gerade Zeit hat, die Gelegenheit nutzt, sich selbst mit in Positur zu setzen: Kneipenkundschaft, Kinder und die kalten Mamsellchen. Das Interesse des Photographen wiederum galt vermutlich dem Eckhaus, dessen noch fast freistehende Lage andernorts bereits durch die großstädtische Art der Blockrandbebauung mit ihren eigenen Formen für Eckgebäude verdrängt wurde. Mitten in Berlin, schien das Münchener Brauhaus noch auf der Attitüde eines „ersten Hauses am Platze" verharren zu wollen.

# ASCHINGER

Damenrunde beim Bier
im Aschinger, um 1910.

Restaurant und Konditorei
Aschinger am Kreuzberger
Moritzplatz, um 1936.

Im Jahr 1892 eröffnete August Aschinger seine erste Bierquelle in der Neuen Roßstraße 4. Fünfzehn Jahre später sollte es bereits fünfzig Filialen geben: erstklassige Restaurants (darunter das berühmte Rheingold, siehe Seite 136), Aschinger-Cafés, Aschinger-Bierglocken oder Aschinger-Bierquellen. Die Bierglocken – früher wurde bei jedem Anstich die Glocke geläutet – erkannte man an Glasschildern im bayrischen, weiß-blauen Rautenmuster. Ihr anheimelnd bajuwarisches Ambiente war jedoch nur Verpackung für urberlinische Gastronomie. Das Geschäftsgeheimnis der florierenden Aschinger-Betriebe bestand in Rationalisierung und Preiswürdigkeit. Bei anfänglich zwei Grundpreisen war das Angebot überschaubar und für nahezu jeden erschwinglich: Das belegte Brötchen kostete zwanzig Pfennige, die später legendären Löffelerbsen mit Speck dreißig. Für Generationen kleiner Angestellter, Studenten, eiliger Reisender und großstädtischer Glücksucher war Aschinger ein Synonym für zeitgemäße schnelle Ernährung ebenso wie für akzeptables Überleben. „Oh Freude, oh Blick ins Schlaraffenland! Vor ihm ragte Aschinger empor mit seinen Kapellen aus Würsten, den Mayonnaiseseen, den prallen Schlagsahnewolken. Auch das hier war eine Landschaft Deutschlands. Er hatte sein Vaterland wiedergefunden." So beschrieb Ivan Goll in „Sodom Berlin" das Empfinden seines Protagonisten Odemar Müller. Die Überzeugung, daß Berlin gleich Aschinger sei, mochten im Laufe der Jahre Unzählige geteilt haben. Nach dem Krieg gab es am Bahnhof Zoo eine Zeit lang noch ein einziges Aschingerlokal.

Konditorei Aschinger
in der Hermannstraße,
Emil Leitner, 1936.

Im Aschinger am Alex,
Postkarte, um 1935.

Aschinger-Filiale in der
Leipziger Straße 79,
um 1936.

# MARKTHALLENRESTAURANTS
## BREMER- / ECKE ARMINIUSSTRASSE

Die Restaurant-Ecke der
Arminius-Markthalle,
um 1900.

Als gegen Ende des 19. Jahrhunderts die zahllosen kleinen Straßenmärkte eine reibungslose, hygienischen Bestimmungen unterliegende Lebensmittelversorgung nicht mehr gewährleisteten, ließ der Magistrat Markthallen errichten, unter deren Dächern Einzelhändler ihre Stände betrieben. Die Arminiushalle in Moabit entstand 1891 als zehnte Halle von insgesamt vierzehn, zu denen noch die Zentralmarkthalle am Alexanderplatz hinzukam. Die

Markthallenrestaurant

Randbauten der Arminiushalle enthielten neben
Verwaltungsräumen, Wohnungen für leitende Angestellte und der Ratswaage auch ein Restaurant, das
übrigens für den Markthalleninspektor und das
übrige Personal „off limits" war. Hier konnten
Kunden und Händler sich bei kräftigen Mahlzeiten
erholen, deren Zutaten von „nebenan" stammten.
Das Restaurant wurde 1956 umgebaut und bietet
nach wie vor solide Hausmannskost.

# Destillation Halle & Co.

### Köpenicker Strasse 146

Groß-Destillation
Halle & Co., um 1913.

Eine stattliche Kneipenkundschaft präsentiert sich
vor der der Halle'schen Destillation in Kreuzberg.
Ihre selbstbewußte Haltung ruft den Spruch in Erinnerung, der damals über vielen Theken hing: „Wer
nicht in der Lage ist, seinen Wirt zu ernähren, der ist
nicht wert, in Berlin zu leben." Sic! (Der Verf.)

# DESTILLATION BRETZKE

## BLÜCHER- / ECKE MITTENWALDER STRASSE

Eckensteher vor Bretzkes
Eckkneipe, um 1910.

Gleichfalls in Kreuzberg lag die Kneipe von Ferdinand Bretzke. Aufnahmen wie diese sind Legion. Doch so ähnlich sie sich alle vom Aufbau her sind, so erzählen sie ihre kleine Geschichte in zahllosen, mehr oder weniger bemerkenswerten Nuancen. Die Kneipe ist anhand der hier schon deutlichen Produktwerbung unschwer als Zapfstelle des Böhmischen Brauhauses zu erkennen. Auch hier wurde gerade Nachschub angeliefert, wie aus dem langen Lederschurz des Bierkutschers (2. von links) ersichtlich. Neben dem Wirtsehepaar und seinem Sprößling weitere Gäste. Der zweite von rechts hält in seiner Hand noch einen der alten Weißbierkelche, die langsam aus der Mode kamen.

# RATSKELLER BRITZ

## CHAUSSEE- / ECKE HANNEMANNSTRASSE

Das Rathaus Britz, 1912. Links, an der Chaussee-straße, der Eingang zum Ratskeller.

Die zahlreichen Städte und Gemeinden, die Berlin umgaben, verfügten lange Zeit über ihre eigene gastronomische Infrastruktur. Berlin war weit weg, und für einen abendlichen Bummel in der „Stadt" fehlten Zeit und schnelle städtische Verkehrsmittel. Man ging in die Gasthöfe und Kneipen am Orte, wobei die Ratskeller den ehrbaren Lokalitäten zuzurechnen waren. Die breiten, ziegelgemauerten Kreuzgewölbe strahlten Würde und Gediegenheit aus, eine Atmosphäre nach dem Geschmack der Bürger und Honoratioren, die ohne modernen Schnickschnack auskommen mochten. Verloren die Rathäuser mit der Eingemeindung 1920 auch ihre Funktion als Zentren selbständiger Kommunen, blieben die meisten Ratskeller als gastliche Stätten weiterhin ein Begriff.

# RATSKELLER PANKOW
## BREITE STRASSE 24a–26

Der Ratskeller in Pankow,
um 1920.

Dem Beispiel bürgerlichen Anspruchs und Gediegenheit anderer Ratskeller in und um Berlin folgte auch
der von Pankow. Das Rathaus wurde 1901 bis 1903
nach einem Entwurf von Wilhelm Johow gebaut.
Unter den behäbig-breiten Kreuzbögen gab es gut-
bürgerliche Kost.

# KURFÜRSTENDAMM RAUF UND RUNTER

# ROMANISCHES CAFÉ
KURFÜRSTENDAMM 238

Dem Plan entsprechend, die Kaiser-Wilhelm-Ge-dächtniskirche mit einem weiträumigen Forum zu umgeben, das ganz im romanischen Stil gehalten sein sollte, entstand 1901 nach Entwürfen von Franz Schwechten östlich der Kirche ein zweites roma-nisches Haus. Im Erdgeschoß eröffnete zunächst das Hotel Kaiserhof eine Konditorei. Sie sollte in den zwanziger Jahren als Romanisches Café zum Mythos des Literatencafés schlechthin werden. „Unsere Heimat waren die Cafés. Die Cafés hatten damals noch eine Funktion, die verlorengegangen ist. Sie waren die Wechselstuben der Gedanken und Pläne, des geistigen Austauschs, die Produktenbörse der Dichtung, des künstlerischen Ruhms und auch des Untergangs". (Max Krell) Damit ist der Ort grund-sätzlich charakterisiert. Der Rest bleibt ein Gedränge der Namen, die sich hier sammelten, nachdem das Café des Westens am Kurfürstendamm seine Rolle 1913 ausgespielt hatte. Hermann Kesten faßte die „Szene" zusammen: „Da saßen Schulreformer neben Schwarmgeistern, abseitige Liebespaare neben Neu-tönern, Genies neben Pumpgenies, Revolutionäre neben Taschendieben, Morphinisten neben Gesund-heitsaposteln, Mäzene, die ihr Geld hingaben, neben jungen Mädchen, die sich hingaben." Dem Exodus der hier ein- und ausgehenden Literaten, Künstler, Schauspieler und Filmleute in der Nazizeit folgte die Zerstörung des Hauses im Krieg. Heute erhebt sich dort das 1963 bis 1965 erbaute, 86 Meter hohe Europa-Center.

Endabrechnung um drei Uhr morgens; Aufnahme von Felix H. Man, 1929.

Das Romanische Café
mit dem charakteristischen,
überdachten Verandavorbau,
Ewald Gnilka, 1936.

Der Schauspieler
Hugo Fischer-Köppe
im Romanischen Café,
um 1925.

# CAFÉ TRUMPF
## KURFÜRSTENDAMM 10

Das romanische Haus mit Café Trumpf und Gloria-Filmpalast, um 1936.

1895 wurde die Kaiser-Wilhelm-Gedächtniskirche auf dem Auguste-Viktoria-Platz eingeweiht. Ihrem romanischen Stil waren auch die Bauten rund um die Kirche angepaßt worden. Noch vor dem später berühmt gewordenen Romanischen Café war als erstes romanisches Haus 1897 ein Wohnhaus auf der Westseite des Platzes zwischen Kurfürstendamm und Hardenbergstraße entstanden. Vor dem Ersten Weltkrieg baute man das Gebäude innen zum Geschäftshaus aus und richtete im Erdgeschoß das Restaurant Regina-Palast ein. Nach einem grundlegenden Umbau eröffnete dann an dieser Stelle 1926 das bekannte Café Trumpf seine Gasträume zusammen mit dem Gloria-Palast. Charakteristisch war der dem Gebäude vorgesetzte, halbrunde Wintergarten. Das gesamte Ensemble fiel den schweren Bombenangriffen im November 1943 zum Opfer.

Innenansicht des Café Trumpf an der Gedächtniskirche, um 1936.

Der Wintergarten, um 1936.

181

# WILHELMSHALLEN
### HARDENBERGSTRASSE 29e / ECKE JOACHIMSTALER STRASSE

Wilhelmshallen, 1936.
Die stimmungsvolle
Nachtaufnahme machte
Hermann Mock.

Mit Neonzauber und Großstadtflimmer lockte der Vergnügungspalast der Wilhelmshallen: „Grell platzt am Bahnhof Zoologischer Garten, nachts von roten Leuchtröhren umrahmt, Café Wilhelmshallen aus der Dunkelheit des Zoogeländes heraus. Die augenblendende Lichtflut läßt den fremden Besucher vermuten: Das ist Berlin. Der Berliner selbst aber, der dort seinen Kaffee trinkt oder in der Diele tanzt, ist nur der kleine Kaufmannsangestellte oder der jüngere mittlere Beamte, der mit seiner kleinen Freundin ausgeht." (Stieler) Der Kurfürstendamm wurde für sein Meer glitzernder Lichtreklamen berühmt. Auf diesem Bild verheißen sie Amüsement und Vergnügen in den Wilhelmshallen, einem Café und Bierpalast, 1916 durch Umbau des Restaurants der Ausstellungshallen am Zoo entstanden. Drei Jahre später öffnete hier der weltberühmte Ufa-Filmpalast seine Pforten. 1943 von Bomben zerstört.

# Café am Zoo

Budapester Strasse 9a

Innenansicht des Café am Zoo, Emil Leitner, 1927.

Neben dem Ufa-Palast, gegenüber der Kaiser-Wilhelm-Gedächtniskirche, lag das Café am Zoo, von den Architekten Kaufmann & Wolffenstein 1927 mit üppiger Dekoration ausgestattet. Eher unbeeindruckt von dem Prunk zeigt sich die Beschreibung Alfred Stielers aus dem Jahr 1930: „Anspruchsvollere lockt das lichtumflossene Café am Zoo (...). Ein bordeauxrot gekleideter, weiß verschnürter Pförtner öffnet würdevoll die große Glastür zu dem von einer umgestülpten Zuckertorte kuppelartig überspannten, elfenbeinfarbigen Raum. Die süßliche Überladenheit beeinträchtigt zwar die räumliche Wirkung des Cafés, aber nicht seine Beliebtheit bei den Schaulustigen, die Protz- und Zackenornamente mit wahrer architektonischer Haltung verwechseln." Das ganze Viertel wurde 1943 zerstört und mit ihm das Café Zoo.

# CAFÉ BERLIN

HARDENBERGSTRASSE 28 a–e

Nachtsilhouetten, fast könnte man meinen 1990: das moderne Café Berlin an der Budapester Straße, Heinz Lienek, 1932.

„Eigentlich gab es in Berlin nicht mehr an Dolce vita als in anderen Hauptstädten, jedoch mehr Reklame, und die genügte, Leute aus der Provinz und Ausländer anzulocken." (Laqueur) Das galt insbesondere für die Bauten um den Auguste-Viktoria-Platz, der in den zwanziger Jahren auf der Tiergartenseite sein Gesicht stark veränderte. Die an den Ufa-Palast anschließenden östlichen Kolonnaden der früheren Ausstellungshallen wurden abgerissen und durch einen modernen, klar gegliederten Flachbau ersetzt. In ihm eröffnete unter anderen das Café Berlin, das in Caféraum, Teeraum, Tanzdiele, Cocktailraum und Dachgarten gegliedert war. Wie in den meisten Cafés um und am Kurfürstendamm sorgten auch hier Musiker für die Unterhaltung der Gäste. Nach dem Krieg nahmen der Zoo-Palast und ein bis zum Zoo-Eingang an der Budapester Straße reichendes Geschäftshaus mit Ladenstraße den Platz des Cafés ein.

# Traube am Zoo

Hardenbergstrasse 29

Eines der bemerkens-
wertesten Restaurants
in dem Haus war das
Weinlokal Traube mit
künstlichen Gärten und
exotischen Vögeln,
1933.

Um 1925 entstand neben dem Ufa-Filmpalast in seinem alten neoromanischen Gehäuse nach einem Entwurf des Architekten Nachtlicht ein gastronomischer Kombinationsbetrieb in moderner Form. Das Gourmenia-Haus (der Name wurde in den dreißiger Jahren in Haus Germania umgeändert) bot außer dem Café Berlin (siehe nebenstehende Seite) noch ein Bierrestaurant, eine amerikanische Sodabar und das sehr elegante Weinrestaurant und Tanzlokal Traube am Zoo. Letzteres war als exotischer Garten gestaltet, in dem sich Tiere tummelten und der von Wasserläufen durchzogen wurde. Der Komplex wurde im Krieg zerstört.

# EDEN-HOTEL

### KURFÜRSTENDAMM 246/247

Mit dem imposanten Gebäude des Eden-Hotels auf
dem dreieckigen, von Kurfürstendamm, Kurfürsten-
und Nürnberger Straße begrenzten Grundstück erhielt der Neue Westen – das Geschäfts- und Vergnügungszentrum entlang des Kurfürstendamms –
sein Flaggschiff moderner Hotellerie. Es besaß mehr
als zweihundert Zimmer, eine Herrenbar und Grill-
room sowie einen Dachgarten, der einen unübertreff-
lichen Ausblick auf Zoo und Tiergarten gestattete.
In Erinnerung blieb das Haus durch ein unrühm-
liches historisches Ereignis: 1919 bezog der Stab der
Garde-Kavallerie-Division hier sein Quartier, der
Rosa Luxemburg und Karl Liebknecht verhörte und
ihre kurz darauf erfolgte Ermordung zu verantworten
hatte. In den zwanziger Jahren entwickelte sich das
Eden zu einer beliebten Vergnügungsstätte, deren
Fünf-Uhr-Tee mit einem Aufgebot an Jazz-Musikern,
südamerikanischen Kapellen und an den vom Hause
angestellten Berufstänzern berühmt wurde, den
Gigolos. Bis weit in die dreißiger Jahre war das Eden
auch Treffpunkt bekannter und berühmter Gäste. Im
Zweiten Weltkrieg ging das Hotel in Flammen auf.
Heute steht hier der auffällige, elegant sich rundende
Bau der Grundkreditbank.

Tanz auf dem berühmten
Dachgarten, 1938.

Das Eden-Hotel, um 1914.

# Ballhaus Femina
## Nürnberger Strasse

Der Große Saal, 1929.

Das Ballhaus Femina, 1932.

Dicht am Tauentzien entstand 1928 bis 1931 der langgestreckte Gebäudekomplex eines großen Amüsierzentrums. Der Femina-Palast war ein bekanntes Tanz- und Nachtlokal mit Femina-Bar, Wiener Bar und Foyer Bar. Hier war die Geburtsstätte des Tischtelefons, das Schüchternen und Frivolen die anonyme Kontaktaufnahme ermöglichte. Nach dem Zweiten Weltkrieg gab es nochmals einen, wenn auch bescheidenen Animierbetrieb. Das Gebäude wurde vor kurzem restauriert. Den Vergnügungswert verlor es jedoch zwischenzeitlich: Heute ist es Dienstsitz des Berliner Senators für Finanzen.

# HIPPODROM

BERLINER STRASSE 1

Ein kurzer Abstecher sei erlaubt, wie ihn vielleicht auch der vollziehen mußte, der am und um den Bahnhof Zoo keine Unterkunft fand. Vielleicht schickte man ihn hinüber zum „Knie". Dort lag das Hotel Hippodrom, dessen neubarocke Fassade eine ungewohnte Kombination mit der Rundung des Baukörpers bildete. Sein Name wies auf das am nahen

Landwehrkanal gelegene Hippodrom hin. In den 1899 eingerichteten Akademischen Bierhallen mochten sich Generationen von Absolventen der nahen Polytechnischen Hochschule von den Studien erholt haben. Am Hotel vorbei führten die Berliner Straße (links; heute Otto-Suhr-Allee) und rechts die Hardenbergstraße.

Das Hotel und Restaurant Hippodrom mit den Akademischen Bierhallen, Waldemar Titzenthaler, 1901.

# GRAND HOTEL AM KNIE

BISMARCKSTRASSE 1

Das Grand-Hotel am Knie,
Emil Leitner, 1936.

Dem Hotel Hippodrom schräg gegenüber lag das Grand Hotel am Knie. Der Platz, von dem die stadtauswärtsführende Berliner Straße abknickt, um das Schloß Charlottenburg zu erreichen, wurde bis 1953 „Knie" genannt (heute Ernst-Reuter-Platz). Durch die sternförmig darauf zulaufenden Straßen entstanden unter anderen zwei spitze, tortenstück-ähnliche Grundparzellen, auf denen die hier abgebildeten Hotels standen. Die kantige Eckhauslösung mit zwei flankierenden Türmen unterschied das Grand Hotel am Knie (vormals Bismarck-Hotel) vom gerundeten Hippodrom. Es war ein Haus mittlerer Größe mit 180 Zimmern. Bekannt waren das Weinrestaurant, die Bar und der Fünf-Uhr-Tee.

# CAFÉ DES WESTENS
## KURFÜRSTENDAMM 18–19

Die schmuckreiche Fassade des Café des Westens, um 1909.

Zurück zum Kurfürstendamm. An der Ecke Joachimstaler Straße eröffnete Ende des letzten Jahrhunderts das erste Café im damaligen Neuen Westen überhaupt. In der Zeit von 1896 bis 1913 entwickelte sich das zunächst als „Kleines Café" firmierende Etablissement zum „Café der Übermenschen, der Revolutionäre des Geistes, der Dichter und Künstler mit dem langwallenden Haupthaar und der Schriftstellerinnen und Künstlerinnen mit dem kurzgeschorenen Haar.

Gleichwohl ein gemütliches Kaffee mit Wiener Bedienung. Viel Zeitungen. Die Nacht hindurch billige warme Küche. Im ersten Stock Spiel- und Billardsäle. Musik bis 4 Uhr". (Berlin für Kenner) 1913 verlegte der Besitzer Ernst Pauly das Café Größenwahn, wie es auch genannt wurde, in den Neubau des Union-Palasts am Kurfürstendamm 26. Von 1920 bis 1922 betrieb Rosa Valetti in dem Haus das Kabarett Größenwahn.

# CAFÉ KRANZLER
## KURFÜRSTENDAMM 18–19

Café Kranzler am Ku'damm,
Juni 1934.

Obwohl das Café des Westens 1913 in das neuerbaute Haus Kurfürstendamm 26 verlegt wurde, blieb das alte Café noch bis 1915 geöffnet. Doch seine Rolle als Künstler- und Literatentreffpunkt hatte es verloren, als die „Szene" der ebenso illustren wie skandalumwitterten, mitunter berühmten Stammgäste aufgrund verschiedener Auseinandersetzungen fast geschlossen ins nahe Romanische Café übergewechselt war. Nach einem Umbau des Hauses eröffnete 1932 das Café Kranzler hier eine Filiale, die nicht minder beliebt wurde wie das Stammhaus an der Ecke Unter den Linden / Friedrichstraße. Die Veranda am Kurfürstendamm war bei entsprechender Witterung stets vollbesetzt, selbst in den Kriegsjahren. Nach der völligen Zerstörung des Cafés im April 1945 wurde der Neubau des Kranzler-Ecks mit seiner charakteristischen Dachrotunde am 17. Dezember 1958 eröffnet.

# CAFÉ STEFANIE

KURFÜRSTENDAMM 14/15

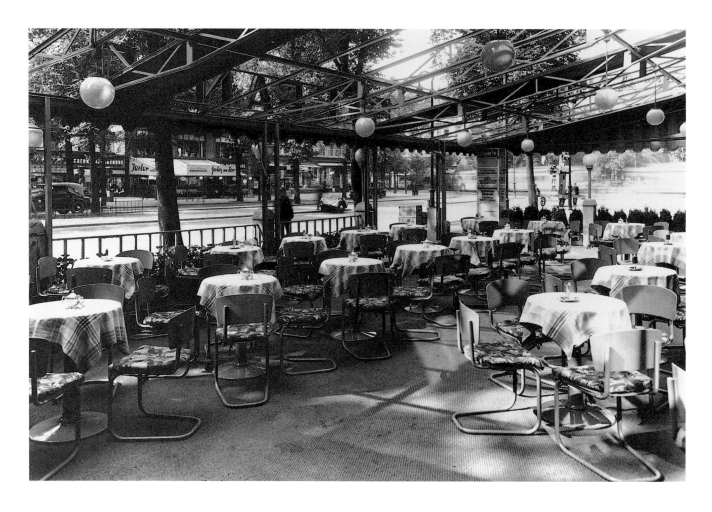

Blick über die Veranda
des Café Stefanie
auf die Kreuzung
Kurfürstendamm /
Joachimstaler Straße,
Emil Leitner, um 1933.

Die Photographie aus den dreißiger Jahren zeigt eine
typische Ku'damm-Lokalität: Bei Kaffee und Kuchen
konnte man auch im Café Stefanie auf der Terrasse
sitzen und dem Treiben auf der Flaniermeile zu-
schauen. Bemerkenswert sind die für die damalige
Zeit sehr modernen, freischwingenden Stahlrohr-
stühle. Bei einem Blick auf die Straßenseite gegenüber erkennt man das Café Jester am Zoo, das
wiederum den Platz des Café Zietemann eingenom-
men hatte (siehe nebenstehende Seite).

# CAFÉ ZIETEMANN

KURFÜRSTENDAMM 228

Nachtschwärmer
auf der Terrasse
des Café Zietemann,
Felix H. Man, 1929.

Das Café Zietemann um Mitternacht. Lange, warme Abende, die hellen Lichter und der Trubel des Kurfürstendamms: All das konnte man nirgendwo besser genießen als in einem der vielen Straßencafés, die ihre Stühle seit jeher nach draußen stellten, wann immer Petrus es möglich erscheinen ließ. Das Haus Kurfürstendamm 228 beherbergte nacheinander verschiedene gastronomische Betriebe. In den zwanziger Jahren war es das Café Zietemann: „Dort trifft sich das Korps der Jazzmusiker, die man sonst nur in be- zahlter rhythmischer Lustigkeit sieht. Zwischen zwei und vier vergähnen sie hier die letzte Nachtmüdigkeit, um dann wieder zu ihren Instrumenten zu eilen." (Stieler).

# KAFFEEPLANTAGE
KURFÜRSTENDAMM 215

Die Tanzbar Kaffeeplantage,
1932

Schräge Musik auf zwei Flügeln kündigen die schrillen Plakate an, und Weltläufigkeit verheißen so klingende Bezeichnungen wie „Pâtisserie" und „Currant room". Die Tanzbar Kaffeeplantage lag gegenüber dem Uhland-Eck (siehe nächste Doppelseite). In exotischem Ambiente konnte man hier einen „Dreigroschenkaffee" trinken und sich von Kellnerinnen in kaffeebrauner Livree bedienen lassen. Die Kaffeeplantage war eine von den vielen Örtlichkeiten in dem „größten Caféhaus Europas", wie der Kurfürstendamm in den späten zwanziger und frühen dreißiger Jahren oft genannt wurde.

# CAFÉ WIEN
KURFÜRSTENDAMM 26

Innenansicht
des Café Wien, 1938.

1912/13 wurde am Kurfürstendamm 26 der Unions-Palast erbaut. Hier eröffnete im Erd- und ersten Obergeschoß zunächst das neue Café des Westens, das sich in den Räumen von seinem ursprünglichen Standort (siehe Seite 190) durch eine erheblich aufwendigere Innenausstattung unterschied. Das Stammpublikum machte den Umzug jedoch nicht mit und wanderte statt dessen ins Romanische Café ab. Nach dem Ersten Weltkrieg wurde das Café des Westens in Café Wien umbenannt, das unter anderen auch das Stammcafé des bekannten Theaterkritikers und Literaten Max Hermann-Neiße wurde. Im zweiten Stock des Hauses eröffnete das Kino „Ufa-Theater am Kurfürstendamm". Trotz erlittener Bombenschäden blieb das Café Wien als eine der wenigen alten Institutionen Berliner Gastlichkeit bis in die achtziger Jahre erhalten, auch wenn der Ballsaal schon zwischenzeitlich dem Einbau von acht Kleinkinos weichen mußte.

# UHLANDECK
### KURFÜRSTENDAMM 31 / ECKE UHLANDSTRASSE 177

Café Uhlandeck,
Emil Leitner, um 1930.

1929 wurde das aus dem Jahr 1892 stammende Wohnhaus modernisiert und nach Entwürfen der Architekten Kaufmann & Wolffenstein zu einem Caféhaus umgebaut. Die reichverzierte Fassade wich der Gliederung durch waagerechte Bänder, zwischen denen Werbeschriftzüge angebracht wurden. Ebenso auffällig wie die Veränderung des Äußeren war der Wandel im Inneren. Auf drei Etagen konnte sich der Besucher je nach Temperament entspannen: In der Konditorei im Erdgeschoß bei dezenter Caféhausmusik, im Tanzcafé des ersten Stocks bei Swing, Jazz oder bei den Klängen echter Zigeunerkapellen, und in der Bar im zweiten Stock spielte ein Trio Barmusik. Nach 1933 wurde das beliebte Vergnügungslokal „arisiert" und in Café Olympia umbenannt. Fliegerbomben fügten dem Haus schwere Schäden zu. Heute steht dort der Flachbau einer Auto-Niederlassung.

Innenansicht des Cafés
mit dem Kuchenbuffet,
Emil Leitner, um 1930.

# CAFÉ MÖHRING

## KURFÜRSTENDAMM 213

Das Café Möhring am
Kurfürstendamm, um 1910.

Die Tradition des Café Möhring reicht über die Zerstörungen des Zweiten Weltkrieges bis in unsere Zeit. 1898 erhielt Oscar Möhring die Konzession für den Betrieb eines Cafés am Kurfürstendamm. Nach dem Tod des Firmengründers (1936) übernahm seine Frau Elsbeth die Leitung; dem Sohn, Hans Möhring, wurde dies wegen der jüdischen Abstammung seiner Frau unmöglich gemacht. Den Krieg überstand das Haus nahezu unbeschadet. 1970 zog sich Hans

Möhring aus dem Geschäft zurück und verkaufte es. 1973 eröffnete ein zweites Café Möhring am Kurfürstendamm / Ecke Brandenburgische Straße. In der Silvesternacht 1973 brannte das Stammhaus an der Uhlandstraße völlig aus, wurde aber schon bald wieder eröffnet. 1977 kaufte die Oscar-Möhring GmbH das traditionsreiche Café Schilling gegenüber der Kaiser-Wilhelm-Gedächtniskirche, das sein Stammhaus in der Friedrichstraße gehabt hatte.

# GRUBAN-SOUCHAY

## KURFÜRSTENDAMM 22

Eine gemütliche Ecke
des Gruban-Souchay,
um 1925.

Eine Abwechslung zur Betriebsamkeit der Straßencafés bot die Einkehr in das Weinrestaurant Gruban-
Souchay (bis 1934 Brechlers Weinstube). Damit war
hier eine Filiale der Altdeutschen Weinstube Gruban-
Souchay entstanden, deren Stammsitz in der Friedrichstraße 84 lag. Der Weinhandlung gehörte
übrigens auch Schloß Brüningslinden, ein bekanntes
Ausflugslokal in Kladow am südlichen Havelufer.

# CAFÉ KÖNIGIN
KURFÜRSTENDAMM 237

Hummer und Sekt. –
Im Café Königin, um 1930.

Das Café Königin – auch Queen Bar oder American
Bar – dicht bei der Kaiser-Wilhelm-Gedächtniskirche zählte zu den vornehmen Weinrestaurants. Es
existierte seit 1912 und war nach Entwürfen von
Heinrich Straumer, dem Architekten des Funkturms,
eingerichtet. Die unvermeidlichen Fünf-Uhr-Tees
waren berühmt. Hier spielten die bekanntesten Jazz-
Kapellen auf, hier gab es die luxuriösesten Salate
ganz Berlins. 1934 eröffnete an gleicher Stelle das
Restaurant Sanssouci.

# Café Reimann
## Kurfürstendamm 35

Bei Reimann imitierte man die Seine-Metropole: Wenn auf den Terrassen der Straßencafés am Kurfürstendamm schon die Nacht zum Tage gemacht wurde, warum sollte es dann nicht auch möglich sein, den kälteren Tagen eine Stunde im Freien abzutrotzen? „Im Frühjahr, im Herbst und an kühlen Sommertagen lassen die im Vorgarten aufgestellten Koksöfen pariserischen Einfluß und den Ehrgeiz erkennen, die warme Jahreszeit künstlich zu verlängern. Noch hat dieser kuriose Versuch nicht allgemein Anklang gefunden. Nur einige wenige sitzen um die kleinen Wärmespeicher herum." Ein Cognac zum Kaffee wird bei den mutigen Gästen vielleicht für eine zusätzliche innere Wärme gesorgt haben. Heute versucht man mancherorts, mit weniger auffälligen, elektrischen oder gasbetriebenen Deckenstrahlern der Jahreszeit ein Schnippchen zu schlagen. Das Café Reimann am Kurfürstendamm war eine von vier Filialen und bekannt für Topfenstrudel und Krapfen. Unter das Publikum mischten sich oft „Schauspieler und Schlagerkomponisten aus Wien und anderen Vororten Berlins". Im Krieg gingen alle vier Geschäfte verloren, doch schon im Jahr 1945 wagte Walter Reimann am Kurfürstendamm 62 einen Neubeginn. Heute befinden sich dort die Schlemmerstuben.

Kaffee und Koks im
Café Reimann am Ku'damm,
Badekow, 20er Jahre.

# ALHAMBRA-HOTEL
KURFÜRSTENDAMM 68

In gediegener Ausstattung erwartete das Restaurant des Alhambra seine Gäste, um 1930.

Das Hotel Alhambra mit dem gleichnamigen Kino, um 1930.

Den Berlinern ist das Alhambra in erster Linie als einer der vielen Filmpaläste entlang des Kurfürstendamms bekannt, der Kinogeschichte gemacht hat: 1922 wurde hier der erste Tonfilm gezeigt, vier Jahre später lief der Revolutionsfilm „Panzerkreuzer Potemkin". 1921 erst war das Gebäude als Geschäftshaus errichtet worden; 1928/29 wurde das Vorderhaus zu einem Hotel umgebaut. Hinter der schlichten Fassade wartete ein gediegen ausgestattetes Restaurant auf Gäste. Der Krieg hat das Gebäude schwer in Mitleidenschaft gezogen. Heute befindet sich darin das Hotel Kurfürstendamm am Adenauerplatz.

# BOARDING-PALAST
KURFÜRSTENDAMM 193/194

Die pompöse Empfangshalle des Boarding-Palastes, 1912.

Um ein Haar hätte es 1912 mit dem Boarding-Palast – einem Appartement-Haus modernen Stils – am Kurfürstendamm außer dem Eden-Hotel (siehe Seite 186) eine zweite, höchst komfortable Herberge für Fremde und einen luxuriösen Treffpunkt für Einheimische gegeben. Sechshundert Zimmer sollte das Haus den Reisenden bereithalten, die nach Berlin kamen: „alleinstehende ältere Damen und Herren, junge Ehepaare, die zunächst einen Haushalt nicht gründen wollen, Herrschaften, die auf Wochen und Monate in Berlin weilen, wie Abgeordnete des Reichstags, des Landtags und des Herrenhauses, Reisende und Touristen, denen das Leben im Hotel zu unruhig erscheint oder gar unsympathisch ist, und die Ausländer." (Prospekt) Doch die Finanzierung dieses wohlgemeinten Angebots anspruchsvollen Wohnkomforts hatte Schwierigkeiten bereitet. Anstatt zu eröffnen, versteigerte man 1912 das Inventar. Im Frühjahr 1914 wurde das Haus als Hotel Cumberland eröffnet. Nach acht Monaten schloß es seine Pforten wieder, und der Bau diente fortan als Verwaltungsgebäude.

# GARTEN-KINEMATOGRAPHEN-THEATER
KURFÜRSTENDAMM 206

Freilichtkino mit Musik-
untermalung und Gastwirt-
schaft, 1913.

Immer modern: Beim Bier die Darbietungen auf der Leinwand des Garten-Kinematographen zu betrachten, war in jenen Jahren vor dem Ersten Weltkrieg das Neueste vom Neuen. Und die Erwartungen hinsichtlich des Zulaufs waren, gemessen an der Ausdehnung des Kaffeegartens, beachtlich. Das frühe Freilichtkino entstand 1913 hinter einer Villa, die sich 1888 der Kaufmann Hugo Raussendorff hatte bauen lassen und in deren Garten um 1900 eine Gastwirtschaft eröffnet worden war. Das gesamte Anwesen befand sich zwischen Knesebeck- und Uhlandstraße. In dieser Gegend waren es damals wohl die letzten Jahre der Wohnsitze mit ausgedehnten Gärten, bevor dann alles zugebaut wurde. Die Villa fiel den Bomben des Zweiten Weltkrieges zum Opfer.

# HALENSEE-TERRASSEN / LUNAPARK

KURFÜRSTENDAMM 124a

Der am Vorbild des amerikanischen Coney Island orientierte Vergnügungspark am Rande des Grunewalds öffnete seine Tore erstmals am 22. Mai 1904. Hunderttausende von Besuchern amüsierten sich auf dem Eisernen See und der fidelen Drehscheibe, im Spiegelkabinett und bei Variété-Darbietungen, bei Sportveranstaltungen und zahlreichen weiteren Attraktionen. Der Eintritt in den Lunapark – so lautete ab 1910 die offizielle Bezeichnung nach dem Titel von Paul Linckes dort oft gespielter Operette – kostete fünfzig Pfennig. Während des Ersten Weltkrieges wurde die Anlage geschlossen und erst am 9. Mai 1929 zum zweiten Mal eröffnet. Schnell war der Lunapark wieder eines der beliebtesten Ausflugsziele der Berliner. Sie amüsierten sich auf der Shimmy-Treppe oder in der kubistischen Schnellbahn, bestaunten die Gala-Feuerwerke. Und doch: Vier Jahre nach der zweiten Eröffnung ging das Unternehmen endgültig in Konkurs. Das Terrain wurde schon wenig später in die städtische Verkehrsplanung einbezogen. Heute verläuft dort die Stadtautobahn.

Im Lunapark, um 1920.

Die Lunaparkterrassen,
um 1926.

# Funkturmrestaurant
Messedamm 11

Diner mit Aussicht, 1937.

Am 3. September 1926, zur dritten Deutschen Funkausstellung in Berlin, wurde der nach Plänen des
Architekten Heinrich Straumer erbaute Funkturm
eingeweiht, der als „Langer Lulatsch" bald ein Wahrzeichen der Stadt werden sollte; seine Stahlgitter-
konstruktion erreicht 150 Meter. In 55 Meter Höhe
wurde in die umlaufende Kanzel mit der prägnanten,
schrägen Fensterstellung ein Restaurant eingebaut;
im darunterliegenden Geschoß befinden sich Küche

und Vorratsräume. 1935 brannte das Funkturm-
restaurant völlig aus, war aber ein Jahr später schon
wieder in Betrieb. Von hier aus konnte man für lange
Zeit den einzigen Weitblick über Berlin genießen.
Erst die Nachkriegsbauten des Europa-Centers am
Tauentzien oder des neuen Fernsehturms auf dem
Alexanderplatz setzten hinsichtlich der Höhenmeter
und der Aussicht neue Maßstäbe. Das Restaurant gibt
es nach wie vor.

Der „Lange Lulatsch",
um 1930.

# AUSSTELLUNGSHALLEN AM FUNKTURM

Die Freiterrassen vor den Ausstellungshallen am Funkturm, um 1927.

Verdiente Pause: Ob Grüne Woche oder Funkausstellung, nach schier endlosen Märschen durch die weiträumigen Hallen hat auch der neugierigste Besucher nichts anderes im Sinn als ein Plätzchen im Freien, wo sich Kaffee und Kuchen oder das kühle Helle genießen lassen. 1914 und 1924 entstanden am Nordende der AVUS die ersten großen Ausstellungshallen vom „Verein Deutscher Motorfahrzeug-Industrieller" und vom „Reichsverband der Automobilindustrie". Die Grüne Woche, die es seit 1926 gibt, ist neben der Funkausstellung die traditionsreichste Messe auf diesem Gelände.

# INS „JRIENE"

# Zoo-Restaurant

## Tiergarten

Pfingstkonzert im Zoo-
Gartenlokal, um 1905.

Kaum mehr vorstellbar ist die einstige Randlage des Zoos, der heute eine einzigartige Oase im Zentrum von Berlin bildet. Zu einem umfangreichen Bauprogramm der Jahre 1869/1875, das einen ersten Teil der phantasievollen Tierhäuser umfaßte, gehörte auch die Errichtung eines neuen Gastwirtschaftsgebäudes mit Kaisersaal und Musikpavillon, mit Weinlokal und Bierschänke, Kaffee- und Teeraum sowie der vornehmen französischen Abteilung. Gastronomie und Tierschau bildeten fortan eine verläßliche, publikumswirksame Einheit. Das Zoo-Restaurant galt nach nochmaligen Erweiterungen 1909/10 mit zehntausend gedeckten Plätzen in Sälen und mit zwanzigtausend weiteren auf Terrassen und im Konzertgarten als größte Restaurationsanlage der Welt. In der Saison waren bis zu neunhundert Bedienstete beschäftigt; die erforderliche Logistik stützte sich auf jeweils eigene Bäckerei, Konditorei, Fleischerei, Eiserzeugungsanlage, Wäscherei und Müllverbrennungsanlage. „An schönen Sommerabenden entfaltet sich auf dem Konzertplatz ein froh belebtes, echt großstädtisches Leben und Treiben." (Grieben) Berühmt waren die Frühkonzerte zu Pfingsten und die zahlreichen Bälle, namentlich der des Vereins Berliner Presse, „eine Riesenschau der Prominenten". Im Zweiten Weltkrieg wurden die Gebäude zerstört. Auf einem Teil des Geländes steht heute das Berliner Hilton. Ein neues, ungleich kleineres Zoo-Restaurant entstand etwas versetzt davon.

Der rechte Flügel und ein Teil des Mittelbaus des Restaurationsgebäudes, 1911.

# Restaurant am Neuen See

## Liechtenstein Allee

Restaurant am Neuen See, um 1925.

Im Zuge der Umgestaltung des Tiergartens durch Peter Joseph Lenné entstand 1846/47 der Neue See. Im Sommer lockten Ruderboote zu beschaulichen Touren um die Rousseau-Insel: „(. . .) da kamen die seligen Abende, welche ich mit ‚Ihr‘ und – Nachfolgerinnen im Vollmondschein auf dem Neuen See im sich selbst überlassenen Boot verträumte!" (Krieger) Im Kaffeegarten am Ufer des Sees konnte man derweil „geduldig beim braunen Labetrunk sitzen und sich freuen, wenn eine Blüte in die Tasse weht", wie eine Reportage 1903 tiefsinnig vermerkte. Diese bescheidene Freude kann man sich heute noch gönnen. Zwar fielen die alten, strohgedeckten Häuschen Fliegerbomben zum Opfer, doch steht jetzt dort das Café am Neuen See, ein Selbstbedienungsrestaurant aus den sechziger Jahren. Rudern kann man auch längst wieder und im Herzen der Stadt an verträumten Uferpartien entlanggleiten.

# CHARLOTTENHOF

NÄHE HÄNDELSTRASSE

1824 ließ sich der Arzt Karl Ferdinand von Graefe nach Entwürfen von Karl Friedrich Schinkel die Villa Finkenherd bauen. Den Garten gestaltete Peter Joseph Lenné. An den Kauf des Grundstückes hatte Graefe die Bedingung geknüpft, daß es niemals als öffentlicher Vergnügungsort genutzt werden dürfe. Aber es kam anders. Nach dem frühen Tod seines Sohnes Albrecht, des Begründers der Augenheilkunde, verkauften die Erben das Haus an den Fiskus.

Der verpachtete es 1880 an den Gastwirt Henning. Kronprinzessin Viktoria selbst hatte die Anlegung einer Gartenwirtschaft in dieser Ecke des Tiergartens angeregt. Das neue Restaurant benannte der Wirt nach ihrer Tochter Charlotte, und mehr als ein halbes Jahrhundert schaute die Büste Kaiser Wilhelms I. aus dem dunklen Laub der Bäume auf die Berliner, die hier an schönen Sommertagen Erholung suchten. Von allem blieb nichts mehr.

Das Restaurant Charlottenhof im Tiergarten, vor 1945.

215

# Kroll's Etablissement
## Königsplatz (heute Platz der Republik)

Krollgarten mit Musik-
pavillon, Julius Wilcke,
um 1937.

Nachmittagstee bei Kroll,
1927.

Ansicht des Kroll'schen
Etablissements vom
Königsplatz, um 1885.

„Im Tiergarten, nahe dem aristokratischen Teil der Friedrichstadt, befindet sich das große, so berühmte Etablissement Kroll. Der ungeheure Saal, die Pracht der Einrichtung, der sinnreiche Geschmack des Besitzers, stets durch Vergnügungen die wetterwendige, schnellgesättigte und stets stärkeren Kitzel verlangende Sinnenlust des vornehmen Publikums zu fesseln, haben diesem Lokal nicht nur in Berlin, sondern auch nach außen hin einen wohlverdienten Ruf erworben (. . .). Die venezianischen Nächte, die großartigen Feuerwerke, die Maskenbälle, welche sogar von höchsten und allerhöchsten Personen besucht werden, muß man gesehen haben (. . .)." So beschrieb Ernst Dronke 1846 einen der schon damals bekanntesten Plätze Berlins, der gerade zwei Jahre zuvor von seinem ersten Besitzer, dem „Restaurateur"

Lichtdekoration in Kroll's
Garten, um 1885.

Joseph Kroll aus Breslau, eröffnet worden war. Kroll
starb zwar 1848, doch blieb das Haus trotz neuer
Leiter und wechselnder Geschicke unter seinem
Namen mit der Geschichte Berlins verknüpft: als
Sommergarten und als Etablissement für Theater-
und Opernaufführungen, als Neues Königliches
Opern-Theater wie als Staatsoper und nach dem
Reichstagsbrand 1933 als Ersatz für das Regierungs-
gebäude. Die Annahme des „Ermächtigungs-
gesetzes", die Verkündung des Kriegsausbruches sind
als historische Ereignisse mit diesem Haus verbunden. Am 22. November 1943 wurde die Kroll-
Oper bei einem Luftangriff zerstört. 1951 beseitigte
man die letzten Ruinen. Lediglich die 1957 erbaute
Kongreßhalle kann noch als Landmarke für eine un-
gefähre Ortsbestimmung dienen.

# KRONPRINZENZELT

## IN DEN ZELTEN

In den Zelten, 1885. Rechts das Kronprinzenzelt Nr. 1, das 1887/88 durch einen Neubau ersetzt wurde.

Einen ungewohnt freien Blick auf das Kronprinzenzelt hält diese Aufnahme von F. A. Schwartz fest. Meist dominiert auf Photographien dieses Ortes die wogende, schwarze Menschenmenge der Schaulustigen. Diese kamen hierher, um auf der Promenade zu sehen und gesehen zu werden, in einem der Gärten Bier zu trinken und dazu im Takt einer Regimentsmusike mit dem Fuß zu wippen. 1887/88 im Auftrag der Berliner Adler-Brauerei nach Plänen von Hans Grisebach neu errichtet, gehörte das Kronprinzenzelt zu einer Reihe von Vergnügungspalästen an der Spree nahe der heutigen Kongreßhalle. Sie waren nach 1745 aus zunächst noch mobilen Zeltwirtschaften hervorgegangen, in denen französische Emigranten Erfrischungen an Spaziergänger verkauften. Im 19. Jahrhundert wurde daraus ein Ausflugsziel mit zahlreichen Schänken, Festsälen und Kaffeegärten, die bis zum Zweiten Weltkrieg in Betrieb waren. Das ganze Viertel, das sich bis 1900 zu einer vornehmen Wohngegend entwickelt hatte, erlitt 1943 schwere Zerstörungen. Die letzten Ruinen verschwanden 1954.

# Strandbad Wannsee

## Grunewald

Das Buffett im Restaurant des Strandbads Wannsee, um 1930.

Zu langem Stillstehen für den Fotografen werden die Kellner im Restaurant des Strandbads Wannsee an den „heißen" Wochenenden keine Zeit gehabt haben. Dann zog es die Berliner in Massen mit aller Macht ans Wasser, herrschte an dem langen Strand das dickste Gewimmel, war im Terrassencafé jeder Platz besetzt. Das alte Strandbad war 1930 nach den Plänen der Architekten Martin Wagner und Eichard Ermisch zu einer ausgedehnten, großstädtischen Anlage umgebaut worden, in der sich Zehntausende von Sonnenhungrigen und Badelustigen tummeln konnten. Tun se heute noch.

Die Freiterrasse des Strand-
cafés, Arthur Köster, 1932.

Luftaufnahme, um 1936.

# SCHWEDEN-PAVILLON
## AM GROSSEN WANNSEE 28/30

Beim Fünf-Uhr-Tanztee
auf dem Freiluft-Parkett
des Schweden-Pavillons,
um 1925.

Am gegenüberliegenden Ufer erholten sich die Groß-
stadtmenschen auf den Terrassen zahlreicher Ausflugslokale, von denen manche eine besondere Geschichte hatten. So stammte der Kaiserpavillon Zum
Schultheiß von der Wiener Weltausstellung 1872/73,
wo er als Pavillon der Nationen ausgezeichnet
worden war. Auch der schwedische Pavillon, in dem
die skandinavische Nation auf eben dieser Ausstellung vertreten war, wurde an die Spree versetzt,
um hier als Gaststätte mit Hotelbetrieb zu dienen.
Der Kommerzienrat Wilhelm Conrad, Begründer der
Villenkolonie Alsen, die 1898 Wannsee genannt
wurde, hatte ihn gekauft und hier aufstellen lassen.
Während der Kaiserpavillon im Zweiten Weltkrieg in
Flammen aufging, steht der Schwedenpavillon noch.
Er beherbergt heute eine Krankenstation.

Uferansicht des Schweden-
Pavillons, 1958.

# Hausboot „Nirwana"
## Wannsee

Schwimmendes Café
auf dem Wannsee, um 1930.

Genaueres über die Lebensdauer der gastlichen Insel in Gestalt eines Hausbootes mit seinem Dachgarten mitten auf dem Wannsee ist leider nicht übermittelt. Immerhin vereinte es die urberliner Leidenschaften für die Freiheit auf dem Wasser und für Gartenwirtschaften mit Musik und Tanz auf pfiffig-ideale und obendrein auch noch augenfällige Weise.

# RENNBAHN GRUNEWALD

GRUNEWALD

„Der Berliner hängt, wenn auch neue Sports die alten zu verdrängen suchen, immer noch am braven alten Pferde, sobald es auf der Rennbahn die Beine streckt." (Berlin für Kenner) Mit Stadtbahn und Omnibussen gelangte man zur 1909 eröffneten Rennbahn im Grunewald, um sich dort der Wettleidenschaft hinzugeben. Zumindest am Tage des Armee-Jagdrennens, für das er den Preis gestiftet hatte, kam auch der Kaiser hierher. Gesellschaftliche Treffpunkte waren die eleganten Weinpavillons ebenso wie die Bierrestaurants: Die Fahrt dorthin galt nicht nur an Renntagen als „der schickste und angenehmste Abendausflug". In den dreißiger Jahren entstanden hier die Olympia-Sportstätten.

Das Gartenlokal an der Rennbahn Berlin-Grunewald, 1925.

225

# ALTE FISCHERHÜTTE
## AM SCHLACHTENSEE

Hochbetrieb im Kaffee-
garten, 1932.

Die romantisch am nördlichen Ende des gewundenen
Schlachtensees gelegene Wirtschaft ging aus einer
1723 erbauten Fischerhütte hervor. Sie war für lange
Zeit die erste und einzige Gaststätte im Grunewald.
1863 brannte sie vollkommen ab, doch führte man
den Wirtschaftsbetrieb nach dem Wiederaufbau fort.
Ein Ruderbootverleih lockte zu Ausflügen auf dem

Die Alte Fischerhütte am
Schlachtensee, 1898.

stillen See. Wem der Heimweg zu beschwerlich war,
der konnte nach 1900 das Motorboot zur Neuen
Fischerhütte besteigen, um von dort die nahe Station
Schlachtensee der Wannseebahn zur Rückfahrt in die
Stadt zu erreichen. Auch heute besteht mit der Alten
Fischerhütte immer noch ein, wenn auch eher ver-
träumter, Ausflugsort.

# BLOCKHAUS NIKOLSKOE

## NIKOLSKOER WEG

Es mag ein sonniger Apriltag gewesen sein, der die
Berliner an die Havel hinauslockte und ihnen auf
der Terrasse des Blockhauses Nikolskoe eine Kaffee-
pause in erster frühlingshafter Wärme verhieß.
Generationen von Ausflüglern genossen von diesem
beliebten Wanderziel die weite Aussicht über die
Havel, hinüber nach Sakrow und auf die Pfaueninsel.
Friedrich Wilhelm III. hatte das Blockhaus 1817 als
Geschenk für seine Tochter Charlotte und ihren
Mann Großfürst Nikolaj, den späteren Zaren
Nikolaus, innerhalb einer Woche von einem Garde-
pionierbatallion aufstellen lassen. Iwan Bockow, ehedem Leibkutscher des Großfürsten, avancierte zum
Kastellan des Anwesens. Er bewirtete vorbei-
kommende Wanderer und erhielt angesichts der
steigenden Nachfrage die Erlaubnis, an drei Wochen-
tagen im Haus Gastbetrieb zu haben. Einige Jahre
später entstand neben der Blockhütte nach Plänen
von Gottfried Schadow und August Stüler das Kirch-
lein Peter und Paul. Der Zustrom zu diesem wunder-
baren Ort im Grunewald blieb durch die Jahre un-
gebrochen. 1984 brannte das Blockhaus Nikolskoe
völlig nieder, wurde aber umgehend originalgetreu
wiederaufgebaut.

Kaffeegarten vor dem
Blockhaus Nikolskoe,
April 1937.

Das Blockhaus nach seinem
Wiederaufbau, 1985.

# Forsthaus Paulsborn

## Am Grunewaldsee

Grunewaldlandschaft, wie sie typischer nicht sein könnte: hoch aufragende Kiefernwälder auf welligem Boden, sandige Wege, die sie durchziehen und freundliche Wirtshäuser. Im großen Garten des Forsthauses Paulsborn am Grunewaldsee fällt es nicht schwer, eine Pause einzulegen und sich der romantischen Geschichte des Ortes zu erinnern. Der Königliche Forstmeister Paul hielt zu Zeiten des Alten Fritz den Major von Born mit seiner Frau hier versteckt, die dieser gegen den Willen des Königs geheiratet hatte. Friedrich Wilhelm II. rehabilitierte ihn und schenkte ihm obendrein das Forsthaus. Der heutige Bau stammt aus dem Jahr 1906. Er war eigentlich als Gästehaus für Hofjagden gedacht, wurde aber nach Fertigstellung als Restaurant verpachtet. Und ein solches ist es heute noch.

Das Forsthaus Paulsborn, 1910.

# SCHILDHORN

## STRASSE AM SCHILDHORN

Das Wirtshaus Schildhorn,
Waldemar Titzenthaler,
1903.

Es war der Bau der Havelchaussee (1875) und des
Bahnhofs Grunewald (1879), der diese Partie der
Havel vermehrt für Ausflügler erschloß und den drei
bislang bescheiden existierenden Gastwirtschaften
zur Blüte verhalf. An der Dampferanlegestation
Schildhorn ließen an schönen Sommertagen seit jeher
die Menschenmassen nicht lange auf sich warten.

Kaffeegarten und
Dampferanlegestelle
Schildhorn, 1937.

„Toll brauset der Strom des Lebens in Schildhorn. Unaufhörlich fluten die Scharen hernieder vom Walde, Dampfer zum Sinken gefüllt durchgleiten die friedliche Havel. Alle Tische besetzt, und wieder bringen die Kremser neue Gäste heran; die Kellner schwitzen beträchtlich." (1911) In den Jahren nach dem Zweiten Weltkrieg ergriff vorübergehend die Wienerwald-Restaurantkette von diesem idyllischen Platz Besitz. 1970 wurde übrigens hier als letztem Ort Berlins der traditionsreiche Brauch des Aufbrühens mitgebrachten Kaffees eingestellt. Nach verschiedenen Umbauten und Ergänzungen in Stahl und Glas ist das Wirtshaus Schildhorn nach wie vor ein anziehendes Ausflugsziel.

# Forsthaus Moorlake

## Pfaueninselchaussee

Das Forsthaus Moorlake, Friedrich Seidenstücker, um 1930.

Der Kaffeegarten in der kleinen Bucht Moorlake, eingebettet in ansteigenden Laubwald, ist ein beschaulicher Platz. Hier kann man die auf der Havel vorbeiziehenden Lastkähne zählen oder die Kellner bewundern, die an schönen Sommertagen vollbeladene Tabletts mit Kaffeekännchen und schiffsbugartigen Kuchenstücken, die Gabel als Mast hineingepiekt, geschultert durch die Tischreihen jonglieren. Das Forsthaus bietet dem Wanderer während des ganzen Jahres Zuflucht. 1840 ist das Blockhaus im bayerischen Stil nach Plänen des Schinkelschülers Ludwig Persius entstanden. Zunächst hatten Angehörige des Königshauses es als Jagdhütte genutzt. Später diente es als Poststation auf dem Wege nach Potsdam. Nach Verpachtung des Anwesens 1886 wurde hier eine Ausflugsgastwirtschaft betrieben. Sie überdauerte die wechselhaften Zeitläufte und ist nach wie vor auf vielen Wegen zu erreichen. Für einen stilvollen Abschluß des Ausflugs nimmt man das Schiff zur S-Bahnstation in Wannsee.

# Im Grunewald

Im Grunewald, um 1930.

Auch wenn der hier abgebildete Ort nicht eindeutig zu benennen ist, so strahlt die Aufnahme eine für den Grunewald typische Stimmung aus, wie sie Georg Hermann für seine Romanschützlinge Emil Kubinke und seine Freundin Pauline herbeischrieb: „Dann jedoch wurde es licht am Ende der Feststraße, wie von einer unerhörten Helligkeit. Noch traten zwar die Bäume nicht auseinander, noch rückten sie in neuen, grünen Scharen Emil Kubinke und seiner Begleiterin entgegen; und doch spürten sie es, daß dahinter, weit unten, sich besonnte Wasserflächen dehnten, denn gleichsam aus den Tiefen stieg nun das Licht empor. Dann wurde plötzlich wieder alles bunt und hell von Menschen (. . .).“

# GRUNEWALDTURM
HAVELCHAUSSEE 61

Vogelschau auf die Terrasse
des Ausflugslokals am
Grunewaldturm.

Markantester Punkt im Grunewald ist der 77 Meter hohe Karlsberg, auf dem 1897/98 zur Erinnerung an Kaiser Wilhelm I. aus rotem Backstein ein 56 Meter hoher Aussichtsturm errichtet wurde. Der Entwurf stammt von Franz Schwechten, dem Architekten der Kaiser-Wilhelm-Gedächtniskirche und des Anhalter Bahnhofs. Vom Kaiser-Wilhelm-Turm genießt man bei schönem Wetter einen herrlichen Blick über die Havel und den Wannsee bis nach Potsdam. Wer auf die Mühsal der 104 Stufen verzichtet, kann sich bescheiden an einen der vielen Tische im Ausflugslokal am Fuße des Turmes setzen.

# FORSTHAUS TEMPLIN

## AM TEMPLINER SEE

Die in das Umland hinausführenden Linien der
S-Bahn erschlossen den Berlinern zunehmend auch
die weiter vor der Stadt liegenden Wälder und Seen.
Viele schöne Ausflüge wurden so möglich, etwa mit
der Bahn nach Potsdam und dann mit dem Schiff
über den Templiner See. Pause dann beim Kännchen
Kaffee und dem mitgebrachten Kuchen: So ließ es
sich an der Kaffeetafel im Garten des Forsthauses
Templin aushalten. Deren endlos anmutende Gerad-
linigkeit könnte auch den Kellnern den Durchblick
erleichtert haben. Einen strapaziösen Rückweg
mußte der Besucher nach Kaffee, Pflaumenkuchen
und Bier nicht fürchten: Für 30 Pfennig (1914)
brachte ihn der Dampfer wieder nach Potsdam. Zurück bleibt der leere Kaffeegarten, wie er auf dem
Zwischentitel zu diesem Kapitel abgebildet ist.

Am Forsthaus Templin.
Aufnahme von Friedrich
Seidenstücker, 1930.

# BISMARCKHÖHE

## WERDER BEI POTSDAM

Auf der Bismarckhöhe,
um 1928

Baumblüte in Werder! Das Stichwort macht deutlich,
wie sehr die politische Entwicklung der Nachkriegszeit die Berliner Gewohnheiten verschob. War der
Ausflug in die Obstplantagen um Werder einst un-
abdingbarer Programmpunkt im Jahreslauf der
Spree-Athener, kennen ihn heute viele nur noch aus
Erzählungen. Nach Schließung der Grenzen waren
für die Westberliner die Kirschplantagen im nieder-
sächsischen Witzenhausen oder das Alte Land bei

Hamburg leichter zugänglich als Werder vor den
Toren der Stadt. Legion ist die Zahl der langsam ver-
blassenden Geschichten jener feucht-fröhlichen Zech-
touren, zu denen Eisenbahn und Schiffahrts-
gesellschaften lockten. Worum es ging, beschrieb
unübertrefflich Hardy Worm in seinen Reimen auf
den „Baumblütenzauber" (siehe Seite 43), der auch
heute noch als alljährliches „Maiblütenfest" gefeiert
wird.

Amüsement in den Straßen
von Werder,
Waldemar Titzenthaler,
1898.

Ausschank des Lokals
Bismarckhöhe in Werder,
1900.

# DRACHENHÄUSCHEN

## IM PARK VON SANSSOUCI

Potsdam und seine Umgebung waren stets herausragende Ausflugsziele vor den Toren Berlins. Nach den kräftezehrenden Besichtigungen der Stadt, der Schlösser oder der Parkanlagen gab es in zahlreichen Restaurants und Wirtschaften Gelegenheit zur Erholung. Einen ungewohnten Anblick bietet das chinesischen Pagoden nachempfundene Drachenhaus auf einem Hügel nördlich des eigentlichen Parks von Sanssouci. Hier bildet es ein Pendant zu dem reich vergoldeten, chinesischen Tee-Pavillon im eigentlichen Schloßpark. Das Drachenhäuschen entstand 1770 nach Plänen von Carl von Gontard, der damit einer damaligen Mode in der Landschaftsgestaltung entsprach. Zunächst diente das exotische Gebäude den Winzern des nahegelegenen Weinbergs als Wohnhaus. Seit dem Ende des 19. Jahrhunderts betrieb man hier eine reizvolle Ausflugsgaststätte. (Der in der Bundesrepublik ungleich bekanntere Chinesische Turm im Münchner Englischen Garten wurde übrigens 1791 errichtet.)

Kaffeegarten am Drachenhäuschen nahe Sanssouci. Friedrich Seidenstücker, um 1930.

# ALTE WALDSCHÄNKE

KAROLINENSTRASSE

Die Alte Waldschänke in Tegel ist Berlins ältestes noch erhaltenes Gasthaus. Es liegt an der alten Straße, die von Berlin über Ruppin nach Hamburg führte und wurde 1770 zunächst als Jagd- und Kutscherhaus gebaut. Später gelangte es in Humboldtschen Besitz. Gegenüber entstand etwa gleich-zeitig der Neue Krug (heute Alter Fritz), eine Wirt-schaft mit Ausspannung für Handelsleute. Die Zeit scheint in der Alten Waldschänke stehengeblieben zu sein: ihr behäbiger Bau mit Fachwerk und Krüppel-walmdach liegt so einladend wie früher vor den Toren Tegels.

Die Alte Waldschänke, 1910.

# SEEBLICK

SCHARFENBERGER STRASSE 32

Ausnahmsweise heiter schauen sie drein, die Herren Beamten einer Finanzbehörde auf dem Betriebsausflug. Sollte es diese Herkunft ausgemacht haben, daß alle umgebenden Plätze leer blieben? Normalerweise brauch(t)en sich die Gastronomen in Tegelort an schönen Tagen keine Sorgen um die Belegung ihrer Kaffeegärten zu machen. Mit einer Dampfer-

station par excellence waren die Lokalitäten beliebte Ziele für Ausflüge mit dem Schiff von Tegel, Spandau oder sonstwoher. Das Café Seeblick war eines von sechs Lokalen in Tegelort, deren schattige Kaffeegärten sich als Einheit am Ufer entlangzogen und gleichsam eine Promenade bildeten. Einige von ihnen existieren heute noch.

Hinter den freundlichen Herren vom Finanzamt im Café Seeblick erkennt man links das Restaurant Bellevue, 1925.

# STRANDSCHLOSS TEGEL

Das Strandschloß Tegel, um 1910; im Hintergrund die im Bau befindliche Hafen-Brücke.

„In Tegel ist's sehr schön. Die Gegend hat in der Tat etwas Romantisches, und für eine hiesige ist sie überschön." Die Ansicht Wilhelm von Humboldts konnten unzählige Berliner teilen, die auf der zwischen 1909 und 1911 ausgebauten Uferpromenade schlenderten und anschließend von der Terrasse des Strandschlößchens wohl eine der schönsten Aussichten Berlins genossen. Am zünftigsten zu erreichen war auch diese gastliche Stätte natürlich mit dem Dampfer. Wo sich das Strandschloß einst erhob, befinden sich heute die Strandterrassen.

# FINKENKRUG

## FALKENSEE

Die Photographie aus den dreißiger Jahren suggeriert das Erlebnis eines milden Frühlingstags. Die Sonne hat die Menschen eine respektable Strecke in die lichten Laubwälder des Brieselang weit hinter Spandau hinausgelockt. Sie sind mit Fahrrädern oder vielleicht mit der S-Bahn hergefahren. Und da sitzen sie unverzagt in den ersten wärmenden Sonnenstrahlen vor dem Backsteinbau des Alten Finkenkruges. So geruhsame Augenblicke erleichtern das Verschnaufen von der Großstadthektik. Einen von ihnen hielt der Photograph Friedrich Seidenstücker hier fest.

Am Finkenkrug, um 1930.

# ZENNER
## TREPTOWER CHAUSSEE

Blick auf Paradiesgarten
und Zenner von der Brücke
zur Abtei-Insel, 1932.

Zusammen mit den Eierhäuschen (siehe Seite 247)
und der Abtei (siehe Seite 246) entwickelten sich der
Paradiesgarten und der Zenner zu Brennpunkten für
Ausflugstouren im Osten Berlins. Tausende von Menschen konnten sich hier aufhalten. Sie lauschten den
Konzerten, unternahmen Ruderbootfahrten oder bestaunten abends die Feuerwerke, die „Treptow in
Flammen" zeigten. Das 1821/22 von Carl Langhans
errichtete Gasthaus wurde zunächst als Neues Gast-

Zenner-Kaffeegarten, im
Hintergrund die Brücke zur
Abtei, 1915.

haus an einer Stelle eröffnet, mit der bereits seit 1727
das Schankrecht (Krugverlag) für eine Spreebudike
verbunden war. Seinen späteren Namen verdankt das
Gasthaus dem Wirt Zenner aus der Kaiserzeit, unter
dem sich das Lokal zu einem beliebten Treffpunkt
der „feinen Welt" der Offiziere und Beamten entwickelte. Nach seiner Zerstörung im letzten Krieg
wurde das Haus 1955 wiederaufgebaut. Es bezaubert
nach wie vor durch seine reizvolle Lage.

# ABTEI
## TREPTOW

Hochbetrieb am Eingang
zur Abtei, um 1913.

Treptower Park und Plänterwald waren die nächst-
gelegenen Oasen für die Bewohner der von Industrie
durchsetzten östlichen Bezirke Berlins wie Kreuzberg
und Friedrichshain. Das Ufer war gesäumt von
Dampferanlegestellen, den Häusern der Ruderclubs
und natürlich von Ausflugsgaststätten. In einer
kleinen Ausbuchtung der Spree liegt die Abtei, die
ehemalige Rohrinsel. Sie führte ihren neuen Namen
nach dem Restaurant, das für die bedeutende Ge-
werbeausstellung 1896 im Treptower Park im Stil

einer schottischen Klosterruine gebaut worden war.
Seit jener Zeit verband auch eine geschwungene
Eisenbrücke die Insel mit dem linken Spreeufer.
Nach dem Krieg wurde die Abtei zur „Insel der
Jugend" mit Pionierhaus, Freilichttheater und Bade-
strand umfunktioniert. Von dem einstigen, ausgedehnten Dorado für Kaffee- und Biergarten-
besucher blieb nur der Zenner (siehe Seite 244)
erhalten. Volksbelustigung und Zerstreuung gibt es
heute ein Stück flußabwärts im Kulturpark Berlin.

# EIERHÄUSCHEN

## KIEHNWERDER ALLEE

Das Eierhäuschen, 1893.

„ ‚Freilich kann ich mir kaum denken, daß wir zu sechs in einem Eierhäuschen Platz haben.' ‚Ach, Frau Gräfin, ich sehe, Sie rechnen auf etwas extrem Idyllisches. Das Eierhäuschen ist ein sogenanntes Lokal, und wenn uns die Lust anwandelt, so können wir da tanzen oder eine Volksversammlung abhalten. Sehen Sie, das Schiff wendet sich schon, und der rote Bau da, der zwischen den Pappelweiden mit Turm und Erker sichtbar wird, das ist das Eierhäuschen.' " Soweit die Beschreibung des vielbesuchten Ausflugs-

ziels in Theodor Fontanes „Stechlin". Es entstand 1837 aus einer drei Jahre zuvor eingerichteten Holz- und Schiffsablage. Die Gasthausbauten fielen zwei- mal Feuersbrünsten zum Opfer. Nach 1890/92 ent- stand „der rote Bau da" aus Backstein, 1902 wurde die Veranda ausgebaut. 1970/73 renovierte man den gesamten Komplex, der jedoch nur noch mit dem „Café der Jugend" im Anbau Gastronomie bot; im Backsteinbau selbst bezog die Verwaltung des be- nachbarten Kulturparks Quartier.

# FORSTHAUS MÜGGELSEE
## FÜRSTENWALDER STRASSE

Gartengesellschaft am
Forsthaus Müggelsee, 1906.

Auch das Forsthaus nahe der Rahnsdorfer Mühle im
Bezirk Köpenick/Rahnsdorf zog im Sommer viele
Ausflügler an, die sich nach einer Wanderung durch
die Wälder bei Kaffee und Kuchen oder bei einem
kühlen Bier im Schatten der Kastanien erholen
konnten.

# MÜGGELTURM

MÜGGELBERGE

Tausende zog es an schönen Tagen in die Landschaft der Müggelberge und an den Müggelsee, der wohl zu den schönsten der märkischen Seen zu rechnen ist. Zahlreiche Lokale erleichterten die selbsterwählte, süße Qual der Wochenendausflüge. Ein zentrales Ausflugsziel in dem ausgedehnten Wald- und Seengebiet war das Restaurant am Fuße des Müggelturms auf dem Kleinen Müggelberg. Der hölzerne, 1889 in Anlehnung an chinesische Pagoden erbaute Aussichtsturm wurde von dem Berliner Industrieellen und Kommerzienrat Spindler gestiftet. 1958 brannte er ab. Man ersetzte ihn 1960/61 durch einen dreißig Meter hohen Stahlbetonturm, der einen weiten Blick in die Umgebung ermöglicht. Gleichzeitig entstand ein neues Müggelturm-Restaurant, das in seinen Räumen und auf den Terrassen siebenhundert Gästen Platz bietet.

Das Restaurant am Müggelturm, um 1925.

# Prinzengarten
## Müggelsee

Prinzengarten,
Friedrich Seidenstücker,
um 1930.

Bei schönem Wetter wich die strenge Ordnung der in Reih' und Glied schräggestellten Tische und Stühle (Seite 14) schnell einem turbulenten, fröhlichen Treiben. Eine große Zahl von Gartenlokalen säumte das Ufer des Großen Müggelsees. Ihre Namen waren jedem Berliner geläufig: Müggelschlößchen und Rübezahl, See-Schlößchen, Neu-Helgoland und Marienlust. Sie bilden eine unerschöpfliche Vielfalt von Zielen ausgedehnter Spaziergänger oder obligater Ausflugsfahrten auf vollbesetzten Dampfern.

# LAUBENKOLONIE „HEIDELBERG"

## MOABIT

Aber längst nicht alle Berliner folgten an den Sommersonntagen dem Massenexodus in die vollen Ausflugslokale. Viele zog es statt dessen in die kleinen, ruhigen Oasen ihrer Schrebergartenkolonien, die da hießen „Schmargendorfer Alpen", „Kiautschau" und „Mückenstich". Sie boten frische Luft, selbstgezogenes Gemüse und Geselligkeit. „Als Hauptperson aber thront inmitten der Mitglieder jeder einzelnen Kolonie der Laubenbudiker, der großen Wert darauf legt, daß die Einzelpächter und ihre Gäste auch bei ihm viel verkehren und ‚verzehren', nicht etwa Nahrungsmittel, (. . .) sondern alkoholische Getränke. Denn in den meisten Fällen ist der Generalpächter selbst ein Gastwirt oder er hat die Schankstätte an einen ‚Budiker' verpachtet, der an seinem ‚Weiß- und Bayrischbierausschank' ein gutes Stück Geld verdienen möchte und verdient. Sind doch sonntags nicht selten mit Gästen 2000 bis 3000 Personen auf einer Kolonie; da wird so manche ‚Lage geschmissen', so manches Achtel von der Bude in die Laube geschleppt." (Hirschfeld) Schrebergärten gibt es wie ehedem. Wenn heutzutage so mancher Schrebergartenbesitzer seine Bierkästen und Partyfäßchen auch selber heranschleppt, so hat sich an der Bedeutung dieser Stätten der Erholsamkeit und Geselligkeit nichts geändert.

Anna Blume und der Budiker der Laubenkolonie „Heidelberg", 1911.

VERZEICHNIS VERWENDETER LITERATUR

Arbeiterfamilien im Kaiserreich.
Materialien zur Sozialgeschichte in Deutschland
1871–1914. Hsrg. von Klaus Saul, Jens Flemming, Dirk
Stegmann, Peter Christian Witt. 1982

Baumunk, Bodo-Michael:
Das Grand Hotel. In Kat. Ausst.: Berlin, Berlin. Die Ausstellung zur Geschichte der Stadt. Berlin 1987

Berlin für Kenner.
Ein Bärenführer bei Tag und Nacht durch die deutsche
Reichshauptstadt. Berlin 1912

Berlin und seine Bauten.
Bearbeitet und herausgegeben vom Architekten-Verein zu
Berlin und der Vereinigung Berliner Architekten. Berlin
1877

Berlin und seine Bauten. Bd. VIII: Bauten für Handel und
Gewerbe. Berlin München Düsseldorf 1980

Berliner Bilder. Berliner Nächte.
Eine illustrierte Sammlung. Berlin 1914

Boetzsch, Hugo:
Das Berliner Caféhaus-Gewerbe. Die wirtschaftliche Lage
der Angestellten. Berlin 1911

Dronke, Ernst:
Berlin. (Berlin 1846) Nachdruck Berlin 1987

Eckhardt, Ulrich:
Der Moses Mendelssohn Pfad. Eine Berliner Zeitreise
oder Wanderwege in eine versunkene Stadt. Berlin 1987

Fontane, Theodor:
Von vor und nach der Reise. Plaudereien und kleine
Geschichten. Berlin 1894

Romanzitate wurden entnommen aus:
Fontane, Theodor:
Romane und Erzählungen in drei Bänden. Ausgabe von
Carl Hanser Verlag. München 1985

Glatzer, Dieter und Ruth:
Berliner Leben 1900-1914. Eine historische Reportage aus
Erinnerungen und Berichten. 2 Bde., Berlin 1986

Gottschalk, Wolfgang (Hrsg.):
Alt-Berlin. Historische Fotografien von Max Missmann.
Mit zeitgenössischen Texten. Leipzig 1987

Grieben-Reiseführer:
Berlin und Umgebung. Berlin, Ausgaben 1899, 1914/15,
1929, 1939

Heinrich-Jost, Ingrid:
Auf ins Metropol. Specialitäten und Unterhaltungstheater
im ausgehenden 19. Jahrhundert.

Heilborn, Adolf:
Alt-Berliner Konditorei=Allerlei. Berlin 1930

Hermann, Georg:
Kubinke. Roman. (Neuauflage) Frankfurt 1987

Hessel, Franz:
Ein Flaneur in Berlin. (Neuauflage von: Spazieren in
Berlin). Berlin 1984

Hirschfeld, Magnus:
Die Gurgel Berlins. Großstadt-Dokumente Band 41.
Berlin o. J.

Ich weiß Bescheid in Berlin.
Vollständiger systematischer Führer durch Groß-Berlin für
Fremde und Einheimische, für Vergnügungs- und Studien-
reisende. Bearbeitet von hervorragenden Fachgelehrten.
Berlin, Ausgabe 1908/1909

Kastan, Isidor:
Berlin wie es war. Berlin 1919

Kiaulehn, Walter:
Berlin – Schicksal einer Weltstadt. München 1958

Krieger, Bogdan:
Berlin im Wandel der Zeiten. Eine Wanderung vom
Schloß nach Charlottenburg durch drei Jahrhunderte.
Berlin 1923

Laqueur, Walter:
Weimar. Die Kultur der Republik. Frankfurt 1976

Moreck, Curt:
Führer durch das lasterhafte Berlin. (Leipzig 1931),
Nachdruck Leipzig 1986

Nicolas, Ilse:
Vom Potsdamer Platz zur Glienicker Brücke. Berliner
Reminiszenzen. Berlin 1979

Ostwald, Hans:
Kultur- und Sittengeschichte Berlins. Berlin 1912

Sass, Friedrich:
Berlin in seiner neuesten Zeit und Entwicklung.
(Nachdruck) 1983

Schebera, Jürgen:
Damals im Romanischen Café. Künstler und ihre Lokale
im Berlin der zwanziger Jahre. Leipzig/Braunschweig
1988

Scheffler, Karl:
Berlin – ein Stadtschicksal. (Berlin 1910) Nachdruck
Berlin 1989

Stieler, Alfred:
Berliner Kaffeehäuser von heute. In: Westermanns
Monatshefte, Bd. 149 I; Heft 891, November 1930

Strohmeyer, Klaus (Hrsg.):
Berliner Leben. 2 Bde. Hamburg 1987

Szatmari, Eugen:
Das Buch von Berlin. Was nicht im Baedeker steht.
München 1927

Thiel, Paul:
Lokal-Termin in Alt-Berlin. Ein Streifzug durch Kneipen,
Kaffeehäuser und Gartenrestaurants. Berlin 1987

Uebel, Lothar:
Viel Vergnügen. Die Geschichte der Vergnügungsstätten
rund um den Kreuzberg und die Hasenheide. Unter Mit-
arbeit von Hans-Werner Klünner. Kreuzberger Hefte VII.
Berlin 1985

Worm, Hardy:
Mittenmang durch Berlin. Streifzüge durchs Berlin der
zwanziger Jahre. Berlin 1981